情熱は
磁石だ

パラリンピックスキー20年の軌跡、そして未来へ

荒井秀樹

特定非営利活動法人 日本障害者スキー連盟

平昌パラリンピック ノルディックスキー日本代表監督

旬報社

カバー、本扉写真：藤巻 剛
カバーイラスト：前田健司

上：トリノ大会事前合宿で太田渉子選手の射撃トレーニングを見守る著者。
中：バンクーバー大会で２個の金メダルを獲得した新田佳浩選手、銀メダルの太田渉子選手と。
下：ソチ大会、阿部友里香選手と並走しながら指示を送る著者（©写真家 越智貴雄）。

上：トリノ大会、金メダルの小林深雪選手、ガイドの小林卓司氏を囲んで喜びに沸く応援団。
中：バンクーバー大会、金メダルに会心の笑顔の新田佳浩選手と著者（前列中央の２人）。
下：ソチ大会、日立ソリューションズ応援団の皆さんと。

プロローグ

二〇一〇年三月一八日、カナダで行われたバンクーバーパラリンピック冬季大会の一日を忘れることができません。

私たち日本のノルディックスキーチームは、期待されたバイアスロン競技でメダルなしに終わり、クロスカントリースキー競技を残すのみとなって、チーム全体に動揺した雰囲気が漂うようになっていました。

「この厳しい状況を変えよう、そして乗り越えよう。原点に返り、選手、スタッフの一人ひとりが、それぞれの持ち場で小さくてもいいからあらためて努力しよう。その努力がすべて合わされば、必ずチームはいい方向に変わるから」と、私は監督として連日のチームミーティングで訴え、なんとか流れを変えようと努めました。

そのようななかで迎えた大会七日目の男子一〇キロ・クラシカルレース。

この大会の日本選手団の主将でもある新田佳浩君は、スタート地点でスキーを履く前に仁王立ちし、集中力を高めるためかポーンポーンとジャンプを何度か繰り返しました。気合十分な様子が伝わり、私はあえて言葉を掛けませんでした。前日までのミーティングで「一人ひとりが全力でやりきろう」と伝えていたこともあり、主将としての責任感も強い新田君を、日本チームの最後の砦として、信じて送り出すことだけを考えていました。

レースが始まり、三〇秒前にスタートしたフィンランドの強豪でライバルでもあるイルカ選手を、新田君が激しく追い上げる展開になりました。コースの途中でタイムをチェックしているコーチから無線で、「タイムが良すぎる」「何かの間違いではないか」と興奮した声で連絡が入りました。ゴール地点の近くで連絡を受けた私は、スタジアムの電光掲示板に五キロ地点の途中経過「新田佳浩一位」の表示が映し出されるのを見て、彼がレース展開の主導権を握り、いい流れに乗ったことを確信しました。コーチに「抑えないで、そのまま走らせよう」と伝えたとき、スタンドで新田君のゴールを待つ応援団からニッポンコールがわき起こりました。

最後の直線に新田君が入ってきました。

スタンドの声援がさらに大きくなります。

最後まで激走し、一位でゴール。右手の拳をバンクーバーの空高くに突き上げました。

日本チームが待ち望んでいた金メダルを獲得した瞬間でした。

ニッポンコールは、いつの間にかニッタコールに変わっていました。

スタンドを見上げると、彼や私が所属する日立システムアンドサービス（現・日立ソリューションズ）スキー部顧問の渡部勤さんをはじめ、日本から駆け付けてくれた会社の応援団による万歳三唱が自然と起こり、その声は会場に響きわたりました。

この日の金メダルに続き、新田君は大会一〇日目の一キロ・スプリントレースでも金メダル、太田渉子さんが女子立位で銀メダルと、日本チームとして大会前半の不振を払拭する大活躍。そして閉会式の二人はメダルを掛けて行進し、報道陣の撮影に応じていました。苦しかった道のりを知っている記者たちの目にもうっすらと涙が見え、選手もコーチも笑顔と涙の閉会式でした。

私は一九九八年に開催された長野パラリンピック冬季大会の二年前にヘッドコーチに就任して以来、パラリンピックノルディックスキー日本代表チームの監督を務めて二〇年以上になります。さまざまな障がいのある選手たちと共に、汗と涙を流しながらトレーニングに励み、世界各地の大会に参戦してきましたが、戦いで

バンクーバー大会、10キロレースで優勝した新田選手と著者。

ある以上、やはり勝利をつかむことが大事であることは言うまでもありません。その戦いの指揮を執る監督として常に勝利をめざしてきましたが、勝てないとき、応援してくださる皆さんの期待に応えられないときは、自分の指導に何が足りないのか悩み、責任を感じてきました。その最たるものが、このバンクーバー大会前半でのチームの不振でした。

メダルなしで終わったなら責任を取って監督を辞任しようと覚悟していたなかでの一〇キロ・クラシカルレースでの新田君の激走、そして金メダルでした。

片腕に障がいがありながら岡山県代表として全国中学校スキー大会に出ていた彼を、将来ぜひパラリンピック日本代表選手にと誘い、共に歩んできた道のり。彼が三歳のころ、おじいさんが作業していた農機具に巻き込まれて左前腕部を失ったこと。おじいさんは、孫を不幸にしてしまったとずっと責任を感じながら生きておられたこと。おじいさんに金メダルを掛けてあげたいと頑張り続けてきた新田君が、とうとうその夢を実現させたこと。まだ高校生で国際大会では入賞もできなかった彼と一緒に外国選手たちの表彰式を見に行き、いつか表彰台に立てる選手にと気持ちを高めるために、勝者の素晴らしい表情をインプットさせ続けたこと……。

新田君の金メダルの瞬間、いろいろな思いがこみ上げ、私自身も胸が熱くなるのを感じました。パラリンピックのスキーの指導者として、ひたむきに打ち込んできてよかった、心からそう実感したバンクーバーの一日でした。

この本では、長野パラリンピック前からの泣き笑いの二〇年間、パラリンピックをめざす実業団チームの監督として、そして日本代表監督として私が経験したことや考えてきたことを、私なりの言葉で書きつづりました。本書を通じて冬季パラリンピックへの理解が深まり、障がい者スポーツ全体への支援の輪が広がることを願ってやみません。

最初は一人でも、情熱を傾けて頑張っていれば、必ずたくさんの人や知恵が集まってくる——私の愛する「情熱は磁石だ」という言葉を胸に、これからもひとすじにこの人生を歩いていきたいと思います。

目次

4 パラリンピックとどう向き合うのか

1

天職との出会い

長野パラリンピックのヘッドコーチに就任

パラリンピック＝障がい者スポーツとの出会い

「ちょっと話があるから飲みに行こう」

一九九五年秋のある日、東京都スキー連盟の会議が終わった後、クロスカントリースキー部長の工藤則夫さんから誘われました。

「九八年に長野県でパラリンピックが開催されるのを知っているか」と聞かれ、そういえばテレビのニュースでオリンピックやパラリンピックのことを報道していたなと思い出しました。

そのころ、パラリンピックのクロスカントリースキー担当のコーチがいなくて、厚生省（当時）や障がい者スポーツ協会が必死になって探していたのです。スポーツ協会から相談を受けた工藤さんは、「荒井君しかいないと思った。ぜひ推薦したいのだけど、どうだろう」と声を掛けてくれたのでした。当時、私は江東区役所の職員でしたが、東京都スキー連盟の専門委員にもなっていて、ジュニア強化の責任者をしていました。東京や神奈川、千葉の子どもたちへのコーチと同じようなことをすればいいのかなと思い、引き受けることにしました。障がいのある方がクロスカントリースキーに取り組んでいることは知っていましたが、それほど深い知識があるわけではなく、なんとか協力したいという気持ちでした。

長野大会のノルディックスキー日本代表チームの監督は、埼玉県総合リハビリテーションセンター職員の大久保春美さん（現・日本障がい者スポーツ協会理事）で、私はヘッドコーチを務めることになりました。ところが話を聞くと、障がい者のクロスカントリースキーの競技団体もなく、「いまは代表選手がいなくて、これから手を挙げてくれる人たちのなかから選ばなければいけない」、「誰を選べばいいのかが厚生省やスポーツ協会の人には分からないので、荒井さんに選んでもらいたい」、さらに「選んだ人たちを指導して、長野パラリンピックで頑張ってメダルが取れるまでに訓練してほしい」と、課題が山積みでした。

大会まであと二年しかないこの時期にそんな状況なのかと、正直いって驚きました。日本ではスキーに乗れる期間は短く、一月から三月までのほぼ三カ月です。週末や休日をフルに使って練習したとしても、土日の二四日間と年末年始の一二月二九日から一月三日までの六日間で、二年で六〇日間しかありません。長野パラリンピック開会まで、この六〇日間で選手を探して代表選手としての力を付けなければならないということになります。

大変だった初めての合宿

代表選手も決まっていない状況を知ってがく然としましたが、引き受けた以上はとにかく急がなくてはと思い、まず選手選びに取りかかりました。

一九九六年の一月に全国から六〇人ほどの選手候補者に集まってもらい、長野と北海道（札幌）のチームに分けて二泊三日の合宿をやりました。

最初は長野での合宿でしたが、六〇歳という選手としては高齢の方や、クロスカントリースキーだというのにアルペンスキーの板を持ってくる人など、本当にいろいろな人が集まって来ました。ところが、クロスカントリースキーの経験者は皆無で、これはなかなか大変だぞと実感しました。

次の札幌での合宿には、主に北海道と東北の人が集まって来ました。北海道には全道ハンディキャップスキー協会があり、障がい者でクロスカントリースキーに取り組んでいる経験者も何人かいました。ただ、初心者がほとんどなのは長野合宿と同じで、シットスキーに乗るのが初めてという人も多かったようです。車いすなら車輪で動くので簡単に前に進むのですが、シットスキーだとそうはいきません。車輪に該当する部分がスキーになっているので、手に力を入れて前に進もうとしても、自分の体重に加えてシットスキーそのものも重いため、なかなか前に進まないのです。ですから、滑ってもらうにしても、スタッフが三人で手分けして、スキーのトップ（先端）とテール（後端）の部分、さらに真ん中に乗っている人を持ち上げてコースまで運んで行かなければなりませんでした。コーナーも自分では曲がれませんから、三人がかりで同じようにして持ち上げて方向転換を助けました。また、転倒したときに自力で起き上がる方法も身に付けてもらう必要がありました。まず転んだ側の手をついて上体だけを起こし、反対側のストックを持った手も転んだ側について、両手で支える感じでテコの原理を応用してシットスキーごと起き上がるのです。シットの選手は下半身が固定されていますので、片手だけではなかなか起き上がれないのです。

こんな具合で、「シットスキーは無理」と言って、初日のうちに帰ってしまった人もいました。結局、全国から集まった六〇人ほどの選手は二〇人くらいにまで絞られました。

なかなか深まらないパラリンピックへの理解と認知度

選手選びもこのような状態だったのですが、それを支える長野パラリンピック冬季競技大会組織委員会もまた、準備に大変だったと思います。パラリンピック開催に向けて、組織委員会が最初に発表しようとしたポスターのキャッチコピーは「両手があっても、人間です。両手がなくても、人間です。」というものでした。このコピー自体が問題なのは言うまでもありませんが、まだ日本ではパラリンピックは「競技スポーツ」としてではなく、福祉やリハビリのイメージでしか認識されていなかったことがこのポスターに表れているように思われます。

当時のメディアは、長野オリンピックには非常に注目していましたが、パラリンピックのほ

「視力があっても、なくても人間です」「両足があっても、なくても人間です」の３種類のポスターが作成されたが、張り出されなかった。

うはお寒い限りの状況でした。パラリンピックの聖火リレーのランナーやボランティアを募集しても人がなかなか集まりませんでした。強化費も出ず、スポンサーもなく、本当に〝ないない尽くし〟の状況でした。

この長野大会を前にして、私がとても疑問に思ったのは、「オリンピックには強化費等の財政的な支援があって、なぜ同じ日本代表のパラリンピックにはそういった支援が少ないのか」ということでした。「オリンピックの選手たちはユニホームも支給されているのに、パラリンピックの選手たちはどうして自費でそろえなくてはならないのだろう、そんなのおかしいじゃないか」という疑問と反発がありました。一方で、それならパラリンピックもオリンピックと同じような立場に立てるように、私たちがパイオニアとして道を切り開こう、大会でも良い成績が残せるように頑張ろう、と反骨心もわいてきました。「パラリンピックの選手はタイムにしても技術にしてもレベルが低い」と言われないように、みんなで努力して速くなろう、強くなろうと、心に刻みました。

スウェーデンでの世界選手権を視察

一九九六年二月にスウェーデンのスンネで、国際パラリンピック委員会（IPC）主催の世界選手権大会がありました。この大会を、パラリンピック・クロスカントリースキー競技委員長の和田光三さん（白馬村スキークラブ）や、コースを設計する専門家の赤羽吉人さん、白馬村と野沢温泉村の役所の担当者などと一緒に視察に行きました。

私は、初めて見る障がい者のクロスカントリースキー大会に驚きの連続でした。たとえば日本では、どのくらいの斜度だったらシットスキーの人たちが上れるかということも分かりませんでした。その時点では、日本の選手は一人も斜面を上れませんでした。ところが、世界の選手は平気で斜面のコースを上っているのです。

Sunnes handikapp-VM kostade 1,5 miljoner

Nagano satsar betydligt mer

SUNNE — Handikapp-VM i Sunne har gått runt på 1,5 miljoner kronor.
Och med minsta möjliga personalstab.
När japanska Nagano arrangerar nästa stora "slag" – Paralympics om två år – handlar det om helt andra tal:
Sedan tre år tillbaka är 38 personer heltidsanställda i organisationen, man har en budget på 300 miljoner kronor och när tävlingarna går för högtryck ska personalstaben uppgå till 2 500 personer!

— Vår ambition är göra spelen i Nagano till de bästa någonsin, säger Naganos arrangörschef Koichi Kobayashi som tillsammans med en stab på ett 10-tal personer gästat Sunne under handikapp-VM.

— Lillehammer gjorde ett bra arrangemang för två år sedan och vår målsättning är att göra våra spel ett snäpp bättre, fortsätter Koichi Kobayashi.

Och då ska ni veta att Paralympics i Lillehammer hade en budget på knappa 100 miljoner kronor.

Nagano satsar alltså betydligt hårdare.

Imponerad av Sunne

Den japanska delegationen var annars mycket imponerade över Sunnes sätt att arrangera handikapp-VM med tanke på de relativt små resurser som organisationskommittén hade till sitt förfogande.

— Med hänsyn till förutsättningarna har Sunne gjort ett enastående bra jobb, säger Koichi Kobayashi. Vi skulle aldrig klara ett så stort mästerskap med så knappa resurser. Det vore helt enkelt en omöjlighet i Japan.

När Lillehammer arrangerade Paralympics 1994 hade man 500 aktiva och lika många ledsagare och ledare. Och man räknade dessutom in omkring 80 000 åskådare.

I Nagano, där Paralympics arrangeras för sjunde gången och förresten den första arrangörsort utanför europa, kalkylerar man med 1 500 aktiva, ledsagare och ledare.

100 000 åskådare

— Vi är lite osäkra på den siffran, säger arrangörschefen Koichi Kobayashi. Inom kort kommer en första inbjudan att gå ut till 130 länder och det är först när vi får deras svar som vi får en fingervisning om hur stort deltagarantalet kan tänkas bli i Nagano.

— Och beträffande publiken har vi en förhoppning om att tävlingarna i alla fall ska locka minst 100 000 personer. Den siffran är vi också lite osäker på eftersom handikapptävlingar i vintersportgrenar är relativt nytt i Japan men vi både tror och hoppas att intresset ska vara ganska stort.

Den japanska delegationen har följt handikapp-VM i Sunne med mycket stort intresse.

— Vi har varit här för att se och lära, säger Koichi Kobayaschi. Framför allt har vi varit intresserade av att se hur organisationen var uppbyggd och hur den fungerade. Och det här har varit ett mycket nyttigt och lärorikt studiebesök.

Positivt och negativt

— Nu tar vi med oss både det som är positivt och det är negativt från handikapp-VM hem till Nagano, fortsätter Koichi Kobayaschi. Och vi har två år på oss att rätta till vissa saker och för att inte göra om samma misstag som Sunne gjorde.

Måhända att han tänkte på skidskyttetävlingarna som avgjordes i mitten av förra veckan...

CHRISTER BERGQVIST
0560-141 40

Foto: CHRISTER BERGQVIST

Den här delegationen från japanska Nagano följde förra veckans handikapp-VM i Sunne med stort intresse. Om två år är det Nagano som står i focus – Paralympics 1998.

Bowlingkrönika:

Nobel utan flyt – under strecket

長野パラリンピック関係者として、スウェーデンの新聞に紹介された。

それには本当に驚きました。「赤羽さん、日本の選手はこんな斜面は上れませんから、コースはフラット（平ら）にしてください」と、真剣にお願いしたほどです。また、下りのコースでも、シットスキーの選手が片車輪を用いたトップスピードで下っていくのにも驚きました。片腕の選手や視覚障がいの選手など、いろいろな障がいのある選手の滑りも視察しましたが、どの選手も非常にレベルが高いことが分かりました。

長野パラリンピックは一九九八年三月五日から一四日までの開催なので、フルに練習できるのはあとわずかしかありません。このときの視察で世界の選手たちの競技水準を見て、日本との違いに大きなプレッシャーを感じたのは事実です。

スウェーデンで感じた「やりがい」

スウェーデンの大会を視察して、競技以外の場面で強烈に心に残ったことがありました。

その一つは、選手たちが食事をする場面でした。視覚障がい選手がレストランまでシットの選手の車いすを押してあげて、テーブルでは車いすの選手が視覚障がい選手の分も食事を取って渡してあげて、二人で食べているのです。練習に行くときも、そんなふうに二人で助け合って行動し、練習していました。これはドイツチームの選手たちのことですが、そこには付き添いのスタッフは誰もいませんでした。スウェーデンに来る少し前に日本でパラリンピックの代表選手を選ぶ合宿をしたときの、ボランティアがお世話してくれた光景とはまったく違ったもので、私には大きな驚きでした。

もう一つは、ノルウェーチーム監督のミュクレブストさんの姿を見たときです。彼は全盲なのですが、盲導犬を連れてコースの脇に立ち、視覚障がい選手とガイドが走るときのストックの音を聞き分けて、「ピッチを上げろ」とか「もっと二人の間隔を狭くして走っていけ」などと指示しているのです。「あーっ、これはすごい」と思いました。ミュクレブストさんもそうですが、海外ではパラリンピック選手だった人が監督やコーチになっていることも多いのです。

このような選手や監督の一人ひとりから、プライドとかプロ意識のようなものが伝わってくるという現実に圧倒されました。ドイツにせよ、ノルウェーやフランスにせよ、海外のチームからはこのように、スポーツとしてのパラリンピックへの強い意識が感じられたのでした。

海外との技術や意識の差を見せつけられ、二年後に迫った長野大会に向けてどうしたらいいのかと悩みもしましたが、逆に私は、これはやりがいがあると思ったのです。ただし、大会までの限られた時間で、ヘッドコーチとして選手を選んで育て、世界と戦えるレベルにまで引き上げるという私の任務は、自分の仕事の合間とか、ボランティアでお手伝いするというような関わり方ではできないし、やってはいけないことだと思いました。自分自身を一〇〇パーセント投げ出して取り組まないと絶対に成功しない、世界で戦える選手を育てることは絶対にできない、ということは分かっていましたので、それなら自分のすべてをかけてやってみようという思いが、胸の内にふつふつとわき上がってきたのでした。

まだ見ぬ選手たちを探して

新田佳浩君との運命的な出会い

一九九六年二月のスウェーデンの世界選手権視察のとき、和田光三さんが「荒井さん、そういえば去年の全国中学校スキー大会に片腕の選手がいたなあ」と、ボソッと私につぶやきました。和田さんはオリンピックやパラリンピックの競技委員長以外にも、全国中学校スキー大会（全中）やインターハイ、国体などのＴＤ（テクニカルディレクター＝技術代表）を務めていました。その和田さんがそう言われるので、大変驚きました。なぜ驚いたかというと、当時は私自身が東京で中学生にクロスカントリースキーを教えていた関係で全中にも行っていたので、なぜ片腕の選手に気が付かなかったのだろうと不思議に思ったからでした。それはともかく、全中に出場できるレベルの選手であれば、十分にパラリンピックにも出場できるはずだと思い、日本に帰ったら早速その選手を探して説得しようと決めました。

帰国後すぐに調査を開始しました。岐阜県の鈴蘭高原で開催された全中に出場していたというところまではすぐに分かりましたが、どの選手なのかは分かりません。なぜなら、出場選手のプロフィールには「片腕」とは書かれていないからです。そこで、いくつかの推理をしてみました。少なくとも、私が教えていた南関東には思い当たる選手はいません。それから、東北や北海道、上信越地方も選手の水準は高いので、代表になることはなかなか難しいのではないかと思いました。そうなると、近畿や中国、四国、九州などの西日本だろうなと推測しましたが、どこの県の選手かまでは絞り込めません。スタート係長なら分かるかもしれないと思い、直接電話をしてみました。すると「片腕の中学生は確かにいましたが、ゼッケン番号は覚えていません」と言われました。困ったなと思いながら、手元にあったその全中大会のプログラムを見直していたら、なんと後ろのほうのページに各県の宿舎一覧表があったのです。そこで、その宿舎に一軒ずつ電話をしてみました。何軒目かに「うちに片腕の中学生選手が泊まりましたよ」という宿舎に出会い、やっと岡山県の中学生だと分かったのです。

早速、岡山県スキー連盟に電話をしたところ、「それは岡山県の西粟倉中学校の新田佳浩君でしょう」とすぐに教えてくれました。西粟倉というのは岡山県英田郡西粟倉村のことで、岡山県の最北部の東の端にある林業が盛んな村です。降雪量も多く、スキー場もあるという環境でした。急いで西粟倉中学校に連絡してみると、スキー部顧問の春名敬彦先生が電話に出られて、「新田佳浩は元気にしていますよ。ただ残念なことに、彼はスキー部をやめてしまいました」とのこと。「中学三年生になると、高校受験があるので、うちのスキー部員はみんな部活をやめるんです。大会が一月から三月までに集中しているので、これに出場していたら受験どころではなくなってしまいますので」という理由でした。それでもなんとか本人と話をしたいとお願いすると、「それでは、私から家族の人に確認してみます」と電話をしてくれ、すぐに会えることになって私は岡山に向かいました。

ご家族に会って

西粟倉村を訪れた日、学校に行っていた新田君には会えませんでしたが、農協に勤めているお父さんとは昼休みに職場の近くの喫茶店で話をすることができました。

私は、「佳浩君になんとしても日本代表としてパラリンピックに出場していただきたいのですが、いかがでしょうか」と切り出しました。するとお父さんは、「荒井さん、うちの息子は障がい者というふうには育てていないので、それはちょっと難しいです」と話されました。続けて、「私の父母がコンバインで稲刈りをしていたときに、三歳だった佳浩がいたずらをしてその中に手を入れてしまい、腕を失う事故になってしまいました。佳浩を障がい者として育ててしまうと、私の父母に負い目を感じさせてしまうことになります。それはなんとしても避けたいと思い、障がい者としては育てないということを約束して、障害者手帳があっても一度も使わず、サービスも受けずに育てたんです」「オリンピックということでしたら、話を聞いてもいいんですけど」と、あまり乗り気ではなさそうでした。

その後、お宅に伺って、おじいさん、おばあさんにもお会いしてお話をしたところ、お二人は「日本代表の日の丸をつけて出場できるなら、それはそれで素晴らしいじゃないか」という雰気でした。話の後で、スウェーデンで行われた世界選手権のビデオや写真を見ていただきました。そして、「パラリンピックは福祉やリハビリの延長のように言われていますが、実際はスポーツとしても非常にレベルの高い大会です。そういう大会に佳浩君にはぜひ参加していただきたいと考えています。資料を置いていきますので、佳浩君に見せてください」とお願いしました。

九六年五月の合宿から合流

それからしばらくたって、新田君から「僕はやります。頑張ってパラリンピックに出場します」と連絡をもらったので再度岡山に行き、彼の意思を確認しました。このときが初対面でしたが、こちらの問いかけに対する受け答えもしっかりしていて、性格も素直な感じで、とても好印象を受けました。話を聞くと、資料として預けておいた世界選手権のビデオを見て、バイク事故で片腕になったドイツのトーマス選手がパワフルな滑りで優勝したことに刺激されたようでした。ぜひ自分もやりたいということで、新田家では家族会議を開き、祖父母、両親、お姉さんと妹さんも賛成し、一家全員で応援してくれることになったのでした。

九六年四月に岡山県立林野高校に進学した新田君には、五月に新潟県の妙高高原で行われた合宿から参加してもらいました。彼が合宿に合流したので一緒に食事をするようになったのですが、いつも自由な右腕だけを使って食事をすることが分かりました。それで私は「スキーのときと同じように、左手もテーブルの上に置いて、お茶碗を持てなくても添えるようにして食べたほうがいいよ」とアドバイスしました。そうすれば、姿勢そのものも良くなりますし、普段の生活から両腕を使うように鍛えれば、肩の可動域がどんどん広がってくると考えたからです。これから世界で戦うために、まずは食事をはじめとした生活習慣を正しいものにしなければならないと思いました。また、体つきを見ても、右半身にしか筋肉が付いていないことが分かりました。スキーは左右のバランスがとても大切なスポーツなので、左半身の筋肉もしっか

ニュージーランド合宿に参加した高校１年の新田選手。

り付けなくてはなりません。それらのことに留意しながら、トレーニングに取り組みました。また彼には、パラリンピック出場選手の心得として、「コースで会った人には誰に対してもあいさつする」「家族への感謝を忘れない」「スキーを始めたころのことを忘れずに、初心に帰って取り組もう」ということも伝えました。そのことを彼はいまでもはっきり覚えていると言ってくれます。

長野パラリンピックへの陣容が決まる

新田君がチームに入ってくれたおかげで、ムードメーカーとしてチームをまとめる原動力になりました。彼に刺激を受けて、メンバーで長野市役所職員の傳田寛君も切磋琢磨するようになりました。傳田君はこのとき、二一歳。先天性の右手指欠損の障がいがありましたが、もともとアルペンスキーから入った選手なので、スケーティング（フリーとも呼ばれ、スケートのようにスキー板を逆八の字で前に進める滑り方）の技術はすごく上手でした。一方の新田君はクラシカル（左右のスキーを交互にキックして前に進む滑り方）が得意だったので、それぞれ別の特長を持っていたように思います。この二人はお互いに競い合って成長していってくれたのです。

長野パラリンピックで日本人初の金メダリストになった視覚障がい選手の小林深雪さんは、長野県松本市の松本盲学校を経て筑波技術短期大学の鍼灸学科を卒業し、東京都中央区にある特別養護老人ホームでマッサージの仕事をしていました。彼女は子どものころにアルペンスキーをやっていたのですが、私が九六年三月のジャパンパラ大会で初めて会ったときにはクロスカントリースキーに取り組むようになっていました。スキーの操作もうまいし、馬力もあり、とても良い素質をもっていました。それで、強化選手として鍛えようと思い、全日本の合宿メンバーに加えました。弱視の彼女は、ジャパンパラ大会で目の前に立った私をうっすらと見て、風貌から外国人のコーチだと思ったのだそうです。「ずいぶん日本語の上手な人だなと思いました」と、後々まで笑い話のように語っていたものです。

彼女のトレーニングやレースでは先導役のガイドが必要だったので、最初は、松本盲学校で体育教師をされていた渡辺孝次先生にお願いし

長野パラリンピック前の北海道旭岳合宿。

ました。渡辺先生はパラリンピックにかける私の思いをよく理解してくださり、熱心に小林さんの指導に当たり、ガイドを務めてくれていました。ただ、先生はクロスカントリースキーの経験はなかったため、小林さんもいまひとつ全力を出し切れない感じがありました。それならガイドを経験者に代えてみようということになり、私は一緒に国体の東京都代表として出場した慶応義塾大学スキー部所属の中村由紀さんに打診してみました。彼女は当時大学四年生で、現役もそろそろ引退だということでお願いしたのですが、ガイドに非常に興味をもち快諾してくれました。

それでは小林さんとも会ってもらおうと思い、東京・有楽町のガード下の居酒屋で二人を引き合わせたところ、互いの自己紹介で、二人が同い年で故郷も同じ長野県の白馬であることが分かったのです。中村さんは長野県の白馬高校に通っていて、クロスカントリースキーでインターハイに準優勝するなど活躍しており、将来的には長野オリンピックもめざしていたほどの実力者でした。さらに話をするうちに、なんと二人は長野県北安曇郡小谷村《おたりむら》の小学校に通っていて、三年生くらいまでは同じクラスだったことも分かりました。その後、小林さんは黄斑部変性症になり、松本盲学校の寄宿舎で生活することになったために転校したのですが、それまで二人は同じ教室で勉強していたわけです。

この事実が分かったときは本当に驚きました。私は中村さんとは東京都から国体に出場したチームメートということで知り合いになったのですが、東京都チームで一緒にならなければ、この出会いはなかったでしょう。女性同士、幼なじみだったという気安さもあってか、二人はすぐに打ち解けてトレーニングに励むことができたようでした。

こうして選手の陣容も、傳田寛君、新田佳浩君、小林深雪さん、長田弘幸君、室塚一也君ら一一名の身体チームと、クロスカントリースキー種目に限定して長野大会で初めて参加が認められた安彦諭君、篠原広樹君ら八名の知的チームができ、力を付けた代表選手がそろいました。とくに室塚君は、九六年のアトランタパラリンピックの車いすマラソンで銀メダルを取っているメダリストで、その彼が冬のパラリンピックにもシットスキーで出場するということで、メディアにもかなり注目されていました。

また長田君は、二一歳だった八四年にバイク事故による脊髄損傷で下半身まひの障がいを負ったのですが、室塚君の影響もあって、車いすマラソンを経てシットスキーに取り組むようになりました。最初に北海道の選考合宿でシットスキーに乗ったときは、すぐ転んでしまい、転んだら起き上がれないという状態でしたが、「クロカンは雪の上に長くいればいるほど上手になれる。練習すればするほど強くなれる」という私の言葉を信じてトレーニングに励み、力を付けてきた選手でした。彼は長野パラリンピックを前にＮＨＫ・ＢＳの番組にも取り上げられ、ノルウェーのシットスキーのチャンピオンであるハラルド選手の指導を現地で受けながらトレーニングするという経験もしました。当時の日本にはトレーニングのノウハウもあまりなかったため、長田君はノルウェーでトレーニングの方法を勉強し、蓄積して帰ってきたのです。ノルウェーで彼が得たものはトレーニングの方法だけではありませんでした。「自分は事故で車いすの生活になって下ばかりしか見ていませんでしたが、シットスキーに乗ることによって顔を上げ、いままでに見たことのなかった冬の森や空を見ることができ、自然の素晴らしさを感じることができました。ノルウェーであらためてシットスキーの素晴らしさを教えられました」という彼の言葉がいまも印象に残っています。

一人ひとりがそれぞれの思いや努力で長野大会をめざし、当初とは比べものにならないくらい、良いチームにまとまったのでした。

長野パラリンピックに向けた環境づくりにも取り組む

深川スポーツセンター所長に就任

長野パラリンピックの開幕を一年後に控え、そのころの私はクロスカントリースキーの担当コーチとしての仕事が多忙を極めていました。しかし、江東区役所の仕事もないがしろにはできません。年間二〇日の有給休暇をすべてパラリンピックに使っていたのですが、それくらいではとうてい追いつかず、「職務専念義務免除」（職免）という制度を使わせてもらおうと考えました。公務員には国家公務員法や地方公務員法で定められている「職務専念義務」というものがあり、各種休暇や突発的な出来事がないかぎり公務員の職務を遂行しなければならない、と義務づけられています。ただ、長野パラリンピックのコーチというのは公共的な仕事であるため、この職免制度を利用してコーチの仕事に専念できないかと考えたわけです。

早速、上司に相談してみましたが、「応援はしたいのだけれど、荒井さんだけに特別休暇を出すことは、役所としてはできない」と言われてしまいました。その話を日本身体障害者スポーツ協会（当時）の長野パラリンピック準備室長の若菜常信さんに相談したところ、江東区役所に来て部長や課長に直接会ってくれました。しかし職免については結論が出ず、その後に部長から「少しでも関連した仕事ができるように、スポーツセンターに異動してはどうか」という提案があり、結局、九七年四月に深川スポーツセンターの所長となって転出することになりました。深川スポーツセンターは江東区内の越中島《えっちゅうじま》にあり、地下鉄東西線・大江戸線の門前仲町駅から程近い四階建ての総合体育館です。バスケットボールコートや卓球場、剣道場、相撲場、トレーニングルームに会議室なども備えていました。

クロスカントリースキーチームの小林深雪さんは、松本盲学校から筑波技術短期大学を卒業して鍼灸やマッサージの技術を習得し、門前仲町とは隅田川を挟んで対岸にある中央区新川で働いていたので、仕事が終わると橋を渡って越中島のスポーツセンターに来て、いつも腹筋を中心とした筋トレやストレッチ、ランニングなどのトレーニングをしていたものです。

パラリンピックの知名度をどう向上させるか

深川スポーツセンターの所長の主な仕事は、施設の管理・運営の統括です。職員の勤務ローテーションの作成、スポーツトレーナーの委託契約、子どもから大人までのいろいろなスポーツ教室の企画・運営、施設の貸し出しの管理など、多岐にわたるものでした。そのような業務と並行して、私が深川スポーツセンター勤務になって最初に取り組んだのは、日本チームのための資金集めでした。国などからの予算がほとんど付かなかったので、トレーニングや合宿の費用、あるいは選手のユニホームやスキーの購入代金なども、チームで工面しなければなりません。そこで私はセンター一階のホールを利用してイベントを開き、多くの人にパラリンピックのことを知ってもらおうと考えました。

最初は、パラリンピックに関するトークショーやコンサートなどを行いました。トークショーでは、選手の小林深雪さんや傳田寛君が「私たちはパラリンピックで頑張りたいのですが、予算が十分ではないので大変な思いをしています」と現状を語りました。選手の肉声は聴衆の皆さんによく伝わったと思います。新聞社にもいろいろなイベントの案内を送り、取材に来てもらい、それが記事にもなりました。今度は、その記事を切り取って整理して、私たちがチームとして発信するさまざまな媒体に利用させてもらうようにもなりました。

また、江東区役所の広報スタッフにもいろいろと助けてもらいました。当時の室橋昭区長もパラリンピックをとても熱心に応援してくれ、区報の一面トップに「パラリンピックを応援しよう」などの見出しを掲げてPRに努めてくれました。全国の自治体に先駆けた取り組みで、特筆すべきことだと思っています。こうして自治体の協力を得られたのも、深川スポーツセンターで高齢の方々から子どもたちまで、幅広い年代に向けて地道なイベント活動を継続してきたからだと思います。

さらに、長野パラリンピックが近づいてくる

江東区深川スポーツセンターで開催されたパラリンピック展。

と、スポーツセンターのある深川近辺の皆さんがお寺を会場に「応援する集い」を開いてくれ、それを新聞も取材に来て記事にしてくれる、そういった好循環も生まれるようになりました。こうして、皆さんのおかげで、長野パラリンピックに向けて「みんなで支えていかなければ」という雰囲気が醸成されていったのは大変ありがたく、うれしいことでした。

長野パラリンピック前に海外の選手と戦いたい

長野パラリンピックを前にした九八年一月、スイスでワールドカップがありました。本番直前の前哨戦ということで、各国のパラリンピック代表選手は皆この大会に参加するという情報を得ました。しかし、私たちにはワールドカップに参戦する遠征費用もなく、日本で合宿するしかないとあきらめていました。ちょうどそのころ、深川スポーツセンターのプログラムに中高年向けの登山教室があり、当時NHKの「中高年のための登山学」などの番組で人気のあった登山家の岩崎元郎先生に講師をお願いしていました。ある日の会話のなかで岩崎先生に、「ワールドカップに行きたいのですが、予算がなくて行けないんですよね」とお話ししたところ、後日、白馬の合宿先に「私が渡航費や滞在費を寄付しますから、ワールドカップに行ってきたらどうですか、日本で開催するパラリンピックなのに、その前に一度も海外選手と戦うことができないなんて」と、お電話をいただいたのです。私は本当に感激して、そのことを選手たちに伝えました。全員は行けなかったので、視覚障がいの小林深雪さん、スタンディングの傳田寛君、シットスキーの久保田とし子さんの三名の選手と、ガイド兼コーチの小林卓司先生と一緒にスイスに行くことにしました。

なぜこの三人を選んだかといえば、まず久保田さんは、シットスキーの選手のなかでタイムがけっこう速かったからです。大会のレースで久保田さんの一周走るタイムを基準にすれば、それと比較して男子選手のタイムも分かり、誰がどれくらいの順位にランクインできるのかも予想できます。同様に、視覚障がいでは小林さん、スタンディングでは傳田君のタイムを基準にして、長野に向けた日本選手団のメンバー一人ひとりの順位予想ができれば、その後のトレーニングで目標を絞り込むこともできると考えたのです。

実際、スイス大会での結果を日本に持ち帰り、「このレースでは八位入賞をめざそう」とか、「自己ベストを更新するように頑張ろう」といった具合に、選手一人ひとりの目標を設定することができました。私は、日本選手のライバルとなる外国の選手の顔写真とレースで走っている姿の写真を現地で撮影し、その写真にタイムを書き込んで選手たちに見せました。そして、「これが君のライバルだぞ」「この選手には絶対に負けるなよ」と伝えて、練習に励みました。目標を具体的にすることで選手の意識は大きく変わりました。その結果、長野パラリンピックの本番で立派に戦うことができたのだと思っています。

このスイス大会では小林深雪さんが大健闘してバイアスロンで三位入賞を果たし、表彰台に立ちました。このとき私は初めて「長野の本番でも、ひょっとしたらいけるかもしれない」と思いました。その予感が的中し、小林さんが長野パラリンピックのバイアスロンで堂々の金メダルを受賞できたことは、本当にうれしいことでした。岩崎先生の援助がなくワールドカップに行けなかったら、小林さんの金メダルも、おそらくはなかったのではないかと思っています。いまでも岩崎先生には、感謝してもしきれない気持ちでいっぱいです。

企業の応援の輪も広がる

長野パラリンピック前の予算がなくて苦しかった時期にチームを助けてくださったのが、ヤマト運輸の会長だった小倉昌男さんでした。国内合宿の費用や日本代表の競技用ユニホーム購入資金、さらには本番を翌年に控えた九七年八月、南半球のニュージーランドで「スキートレーニングができるのなら行っておいで」と遠征費用も援助していただきました。パラリンピック選手たちの合宿費用などに誰も関心を寄せていなかった時代、救いの手を差し伸べてくださった小倉昌男さんにも感謝の気持ちでいっぱいです。

そうした新しい動きのなかで、私の息子が通う江東区立深川第二中学校の「おやじの会」の皆さんもスポンサーを探してくれました。ＰＴＡソフトボール同好会の関和博さんからは、遊技機関連企業のサミー（現セガサミーホールディングス）を紹介してもらいました。同社は私たちの活動を理解してくださり、数十万円の寄付を申し出てくれたのです。そのとき私は、「ありがとうございます。ただ、全額を一度にではなく、二回でも三回でもけっこうですので何回かに分けていただくことはできませんか」とお願いしました。「どうしてですか」とおっしゃるので、「何年かに分けていただくことになれば、御社とのつながりも一年で終わることはありません。二年、三年とお付き合いいただくことで、私たちの活動や実績を見ていただきたいのです」と答えました。担当の方に「おっしゃることはよく分かりました。弊社は支援を続けますので、金額はそのままで、心配しなくていいですよ」「パラリンピックの皆さんが活躍されることで、たくさんの勇気や感動をもらっていますよ」と励まされ、長野パラリンピックが終わっても支援を続けてくださるとのことで、うれしくてうれしくて、涙が出るほどでした。

選手たちはどうやって力を伸ばしたか

「長所を伸ばす」トレーニングで自信と誇りを体得

長野パラリンピックの二年前、スウェーデンのスンネで行われた九六年の世界選手権を視察して見せつけられた「世界との差」――。この差をなんとしても埋めなければならないと思い、とにかく選手たちの長所を最大限に伸ばすことに集中しました。その選手のもつ最大の長所の一点だけでも世界レベルに到達すれば、世界との差を縮めることにつながるはずだ、と信じて練習に取り組みました。長所を伸ばすことで、短所だったところも少しずつ長所になっていくと考えたのです。

傳田寛君はスキー操作がうまいので、ストックは持たせないでスケーティングを重点的に練習させました。傳田君から「パラリンピックって、ストックを持たないでやる競技なんですか?」と皮肉を言われるくらい、連日ストックなしの練習をしました。彼もそれに応えてくれて、しっかりと力を付けていきました。もしス

選手の長所を伸ばすトレーニングに取り組んだ。右は傳田寛選手。

トックを持たないスキー競技の大会があれば、当時の彼は間違いなく金メダルを取ったことでしょう。

私はそのようにして選手たちを勇気づけてきました。「自分は障がいのある選手だから、一般の選手たちよりも遅くてもいいや」ではなく、「ストックを持たずにスキーだけの操作で走ったら、パラリンピック選手のほうが速い」というような自信と誇りが必要なのです。「そうした高みをめざそう!」とみんなに言うと、「そうだ、そうだ、そうしよう」という声が返ってきました。

小林深雪さんは弱視なので、普段からかかとに重心を置いて歩いています。しかしスキーの場合は、前へ前へと重心を移動する、前傾の姿勢が重要になります。これができなければ速い滑走ができません。ただ、小林さんの癖を修正するのは至難の業で、普段の生活スタイルから変えていく必要がありました。分かってはいましたが、それは視覚障がいの人たちにとっては非常に危険なことなので、容易に変えることはできません。それでどうしたかというと、彼女は馬力が強かったので、練習にダブルポール滑走(推進滑走)を採り入れました。これは、二本のストックを同時に前につき、両手でそれを後方に押しやることで前に進む滑走のことで、これなら重心を前に移すことができます。彼女はこのダブルポール滑走の練習にとことん取り組みました。クロスカントリースキーのコースには、どうしてもダブルポール滑走を入れないと走れない地形があります。斜面を下ってきて平地でもスピードを落とさないようにするには、このダブルポール滑走が必要です。そこだけを計測すると、小林さんは視覚障がい女子選手のなかでは一番速かったと思います。ダブルポール滑走だけの大会があれば、彼女も大活躍したでしょう。

大学スキー部の練習から学ぶ

このように、長野パラリンピックに向けて「長所」を伸ばす訓練を徹底しました。しかしそれだけでは勝てません。どうしても全体的な底上げが必要であり、そのためにはどうすればよいのか分からずに困っていました。次に打つ手はないかと考えたとき、大学スキー部のことが頭にひらめきました。まずは大学スキー部が合宿しているところに乗り込んで、どんな練習をしているのか見てみようと思いました。そこで、中央大学や日本大学が合宿している先に選手と押し掛けたのです。

たとえば北海道の旭岳での合宿等で強豪の大学のスキー部が宿泊している旅館を聞いて、私たちも予約して一緒に泊まったことがあります。学生たちが朝は何時ころに起きるのか。朝食を食べる前に何をしているのか。朝食はどんなものを食べているのか。何時ころから練習を始めて、練習後は補強として何をしているのか。夜はどんな過ごし方をしているのか……。

「学生さんは朝ごはんのときにオレンジジュースや牛乳を買って飲んでいるから、自分たちもそうしよう」「食後はゆっくりしているから、急いで練習しなくてもいいんだ」「食べた後はゆっくり中身の濃い練習をするんだな」など、選手たちは日常の細部から学びました。夜にはスキーの手入れもするので、それも盗み見て学んだりしました。また、「上手な学生がいたら、後をついていって滑り方をまねしてごらん」といった指示を出したこともあります。

現在、私たちは長濱一年さんにヘッドコーチをお願いしているのですが、専修大学出身の彼は九四年のリレハンメルオリンピック出場に続いて、長野オリンピックにも出場したクロスカントリースキーの選手です。彼は当時を振り返って、「立山で合宿したとき、同じ宿舎にパラリンピックの選手が来ていたのは知っていました。しつこいくらい私の後ろを新田君や傳田君がついてくるのに気付いていましたよ」と話してくれました。む

オリンピック選手の横山寿美子さんのフォームを、手で触って確認する小林深雪選手（2003年、妙高合宿で）。

ろん、実力に差がありますので、バタバタついていってもすぐに離されてしまいます。でも、「離されても、どこかで抜かれても、何度でも後をついていけ。そうやって技を盗みなさい」と指示しました。この練習方法が功を奏して、上手な人のイメージを体が覚えるようになったようです。そして、手本となった学生たちも年齢が近いので、そのうちに言葉を交わすようになり、ワックスでスキー板の手入れをするときなども、「何を塗っているの?」とか「このブラシを使ったほうがいいよ」「スキーもこの部分にはヤスリをかけたほうがいいよ」などと、新しい情報を教えてくれるようになりました。

もう一つ、私にとって大きな収穫は、学生のなかにパラリンピックのスタッフやコーチの仕事に関心を示してくれる人が生まれたことです。「将来、養護学校の教師になりたいです」「私にも、障がいのある家族がいます」と言いながら近寄ってくれる学生が何人もいました。「関心ありますか?」と聞くと「あります」と言って、パラリンピックチームのコーチやワックスマン、あるいはガイドなどを担当してくれました。そのときの彼らが、現在に至るまで二〇年近くもチームを支え続けてくれていることには本当に感謝しています。このように、「人」に恵まれたことが、長野パラリンピックでの大きな財産になったと思います。

最初は一人でも、何事にも情熱をもって取り組み続ければ、必ずたくさんの人や知恵が集まってくる――「情熱は磁石だ」ということを、私はここでもあらためて強く実感したのです。

長野パラリンピックでの勝利と世界の壁――残された課題

そして、いよいよ長野パラリンピックの本番を迎えました。

私は長野オリンピックのクロスカントリースキーの競技役員としても現地で携わっていました。白馬のスキージャンプのラージヒルの団体で、日本は大飛躍を見せて金メダルを獲得するなど日本中が沸いていました。この後に開催される長野パラリンピックに向けて、「よし、俺たちも」と気合が入ったものでした。

オリンピック期間中、パラリンピックチームは白馬でトレーニングをしていました。しかし、オリンピックやパラリンピックのコースは滑ることはできませんでした。それでもなんとかパラリンピックチームを白馬のスノーハープのコースで練習させたいと、コース責任者の方にお願いして、オリンピックのレースが終わった整備前の夕方の時間帯に、パラリンピックの選手たちに本番のコースを試走させることができました。スタジアムから遠く離れた場所から選手たちをコースに入れて、途中から折り返すかたちの反復を行いました。競技役員の方々からの、パラリンピックも頑張ってもらいたいとの熱い応援を感じながらの試走でした。

そしてパラリンピック初日、バイアスロンで小林深雪さんが金メダル（ガイド・中村由紀さん）、日本選手として初の快挙でした。また同じ日に、シットスキーの野沢英二さんが銀メダルと幸先のいいスタートを切りました。

長野パラリンピックから初めて公式種目になった知的障がい者クラスでは、当時一六歳の安彦諭君が五キロ・クラシカルで銀メダル、やはり一六歳の篠原広樹君が二〇キロ・フリーで銅メダルを獲得しました。しかし、身体チームで期待していた新田佳浩君は五キロ・クラシカルと一〇キロ・フリーでともに八位、傳田寛君は五キロ・クラシカルが一九位、一〇キロ・フリーが一〇位でした。シットスキーの長田弘幸君が最高の六位と健闘したものの、残念ながら表彰台には遠く、世界の壁を痛感する結果となりました。アトランタパラリンピックの車いすマラソンで銀メダル

小林 バイアスロン 大日方 滑降「金」

日本選手 冬季大会で初

バイアスロン女子 フラワーセレモニーで笑顔の小林深雪選手（右）と、ガイドの中村由紀さん＝野沢温泉村

長野パラリンピック

PARALYMPICS NAGANO'98

第2日

長野冬季パラリンピック第二日は六日、バイアスロンとアルペンスキーが始まった。バイアスロン女子7・5キロB（視覚障害）2、3クラスで小林深雪選手（東京都・北安曇郡小谷村出身）、アルペンスキー女子滑降・チェアスキーのクラスで大日方邦子選手（東京都）が優勝、冬季パラリンピック史上、日本勢初の金メダルを獲得した。【関連記事3・6・7面に】

すべてがベスト

小林深雪選手の話 みなさん、本当にありがとうございました。おかげさまで

バイアスロンは下高井郡野沢温泉村で行われた。小林は、力強い走りで2・5キロ、5キロをトップタイムで通過。射撃でも十射中九中で追撃のロシア、ドイツ勢を突き放し、33分36秒5で快勝した。同じ小谷村出身

女子滑降 積極的な滑りで、チェアスキーのクラスで優勝した大日方邦子選手＝志賀高原東館山

長野オリンピックで日本選手初の金メダル！ 小林深雪選手とガイドの中村由紀さん（1998年3月6日付「信濃毎日新聞」夕刊）。

の室塚一也君はシットスキーで金メダル候補でしたが、お尻にできた褥瘡《じょくそう》（床ずれのような症状）がひどく、大会欠場を余儀なくされるという不運もありました。

　小林深雪さんの金メダルは、それまでの彼女自身の努力のたまものであり、ガイドの中村由紀さんとの息の合った走りが本番で最高のパフォーマンスとなって実を結んだことは本当にうれしいことでしたし、日本の各選手は初めてのパラリンピック出場にしては善戦したという声もありました。しかし、私にとっても選手たちにとっても、決して満足できる成績ではありませんでした。

　これからどのようにしていくのか、日本チームにとっても、一人ひとりの選手にとっても多くの課題が残りました。

2

私の原点

私が、なぜクロスカントリースキーに関わるようになったのか、その原点を少しお話ししたいと思います。

北海道の大自然の中で育つ

先祖は山形から渡道、永山に入植

私は、自分のルーツや育った環境をとても誇りに思っています。私の先祖は一九〇五（明治三八）年四月、山形県の蔵王連峰のふもとにあった南村山郡堀田村大字山田から渡道しました。折しも日露戦争のさなか、私の曾祖父母、末次郎・ゑの夫婦が子ども三人を連れて上川郡永山村に入植。当時のことを祖父栄次郎から「津軽海峡を渡るとき、船が木の葉のように揺れて怖かった」と聞かされていました。栄次郎が八歳のときです。先に入植していた富田さんの家を頼って、未開拓の土地をみんなで助け合い開墾したそうです。いまの生活では想像もできない大変な苦労があったに違いありません。

私の住んでいた旭川市永山には山形県出身者や「荒井」姓が多いのですが、私の実家は末次郎の本家になっています。正月やお盆、端午の節句など季節の行事があると、私の家ではたくさんの餅をついて、それを分家や親戚の家に持っていくのが子どもたちの仕事でした。私も小さいころは、家族の女性たちが袋に入れてくれたあんころ餅や切り餅を分家に持って行きました。すると「秀樹ちゃんが来た」と喜んでくれて、餅と引き換えにお菓子などをもらっていました。豊かな自然や田畑のほかは何もないところでしたが、家族や親戚との強い結び付きが根付いていて、それが私の誇りです。

また、故郷の「永山」という地名は、屯田兵を管理する役人として北海道に来た永山武四郎という陸軍軍人（一八三七〜一九〇四年。後に中将、貴族院議員）の名前に由来しています。彼は北海道に東京、京都と並ぶ「北都」を建設したいという思いがあり、京の都のように、街や水田を碁盤の目のように整備しました。私の祖父たちは親しみを込めて永山武四郎のことを「殿様」と呼んでいましたが、私もその「殿様」の名前の付いた永山に誇りをもっているのです。

私は一九五五（昭和三〇）年二月に農家の次男として永山で生まれ、子どものころは水田のあぜ道などでよく駆けっこをして遊んでいました。近所の友だちと二人で競走したり、何人か集まれば二組に分かれて農道の碁盤の目の対角線上の二つの頂点のところから同時にスタートするリレーなどをして遊びました。一辺がだいたい同じ距離になっているので、距離が非常に分かりやすかったことを覚えています。広場も原っぱもなく、田畑があるだけの土地でしたので、野球などはできずに、いつも駆けっこばかりしていました。

楽しかったことといえば、相撲があります。北海道は相撲の盛んな土地柄で、私の住んでいたところは「十一区」という地区でしたが、夏祭りになると子ども相撲がありました。当時は五人抜きで五〇円というふうに、子ども相撲に賞金が出ていました。私も友人たちも家が農家で現金があまりなく、小遣いももらっていなかったので、相撲があると小遣い欲しさにみんなで参加しました。私は相撲が好きで、よその地区の祭りにまで足を運び、賞金を稼いで帰ってきたものです。

もちろん、家業の農作業の手伝いもしました。両親や兄弟、二人ほどいた住み込みの従業員の人たちと五ヘクタール以上もある広い田んぼの稲刈りをして、刈り取った稲を干し、乾いたら脱穀するために納屋に持ち帰ります。馬車を使って、荷台に稲を高々と積んで運ぶのです。荷台に稲を積み終わると、その上に私の家族全員が乗り、広大な田んぼを横切って納屋まで帰ります。作業は夜までかかることもあって、辺りはすでに暗くなり、とても星がきれいで、流れ星などを見ているうちに眠ってしまうこともしばしばありました。

私の家は林業もやっていましたので、冬になると家から馬そりに乗って、市の郊外の江丹別《えたんべつ》にある山に木を切り出しに行きました。なぜ冬に林業をするかといえば、雪があるので切った木を運搬しやすいためです。わが家はその木を焼き窯で焼き、炭を出荷するという仕事もしていました。私は山に行くのが好きで、冬になると両親に連れられて江丹別の炭小屋に泊まりがけで行くのが楽しみでした。食事を作っている母・哲子が「お箸を持ってくるのを忘れた」と言うと、切り出した木の枝を父・雄一が山刀で器用に削って三人分の箸を作ったこともありました。

また、家には馬や牛、豚、羊、ニワトリもたくさんいました。当時は近所に肉屋さんなどもなかったので、自分たちでさばいて食用にしていました。大切な家畜でしたが、生きていくためには仕方がなく、私も小さいころから祖父や父から生き物の育て方を学びました。朝は畑に行って夏野菜を収穫したり、近くの農場に行って搾りたての牛乳を受け取ってくるのも私たち子どもの仕事でした。この牛乳を温めてお茶漬けのようにご飯にかけて食べたおいしさは、忘れられません。こういったいろいろな経験を通して、生きる営みというか、自然の中で人間が生きることの仕組みのようなものを両親が教えてくれたことを、私はいまも大変ありがたく思っています。

永山中学校にスキー部が誕生

友だちともっぱら駆けっこをして遊んでいた私も、自転車に乗れるようになると、今度は二歳上の兄・拓巳と遊ぶようになりました。何をやっても兄にはかないませんでしたが、一緒に遊びたくていつも後ろにくっついていました。ちょうどそのころ、地元の永山中学校に桑畠力松先生が赴任して来ました。桑畠先生は国民体育大会（国体）のクロスカントリースキー競技でずっと優勝しているアスリートでした。保護者や学校関係者の間では「有名な先生が来る」ということで話題になり、「それならすぐにスキー部をつくらなくては」という話になりました。

永山は盆地にあるので、私たちは小学校の校庭を凍らせたリンクでよくスケートをやっていました。私の母校の永山東小学校には羽島先生というスケート選手の先生が在籍していましたので、スケートがとても盛んで、児童だけでなく大人も楽しんでいました。しかし、スキーはほとんど誰一人やったことがありません。それが、桑畠先生の赴任がきっかけで、私の兄が永山中学校に入学すると同時にスキー部が設立されることになったのです。当時のメンバーには、その後に実業団で活躍したＪＲ北海道スキー部の松本順吉さんもいました。

桑畠先生は国民体育大会に出場して参加賞のピンバッジや北海道選手団の帽子などの記念品をもらってくると、それをスキー部の部員にプレゼントしていました。ただ、数が限られているので、部員全員にはいきわたりません。そこで先生は「腕立て伏せを一番多くできた生徒」とか「足の速い生徒」などの課題を与えて、それを達成した生徒に配るようにしていました。兄がそうした記念品をもらってきて自慢そうに見せるので、私も「いいな、欲しいな」「中学に入ったら絶対にスキー部に入ろう」という思いを抱くようになり、永山中学に入学するとスキー部に入り、クロスカントリースキーを始めることになりました。本当は、野球にも興味をもったのですが、夏の間は家の農作業の手伝いがあるため練習に参加できないので、冬にできるスキーに打ち込もうと決めたのです。

中学生になると、家から学校までの四キロくらいの道を、スキー部の同級生たちと毎日クロスカントリースキーで通っていました。学校に早めに着くと、授業の前に校庭でも滑り、放課後はまた校庭でスキー、帰宅する道もまたスキーと、スキーざんまいの日々でした。前にも書いたように永山は盆地なので、アルペンスキーのできる環境ではなく、永山中学のスキー部は最初からクロスカントリースキーのみでした。私も兄も同級生たちもゲレンデに行ってスキーをしたことがなかったので、永山中学のスキー部は平地を走るととてつもなく速いのですが、下りはみんな苦手でした。全員があまりにも下手なので、桑畠先生は、旭川郊外の嵐山のジャン

中学生大会に出場していたころ、兄（右）と。

プ台の斜面を何回も滑って下りる練習を採り入れました。最初は恐怖心が先に立って転んでばかりいましたが、だんだん慣れてくると下りの練習が楽しくなり、スキーは一気に上達していきました。先生の教え方はいつも工夫したもので、私たちを全道大会で優勝させようと努力してくれました。

残念ながら後年、桑畠先生が転勤するとスキー部はなくなってしまいましたが、私の三歳下の弟・千春もスキー部に入るなど、荒井家の兄弟三人は全員が永山中学でクロスカントリースキーを経験したのです。

クロスカントリースキーの中学生大会に出場

私はスキーの大会には中学生のときから出場していました。永山中学のスキー部は北海道のなかでも強いチームになっていました。桑畠先生は北海道の強化部長も担当して、私たち部員もいろいろなところに連れていってもらいました。札幌の真駒内には北方特戦隊（現・自衛隊体育学校冬季特別体育教育室）の駐屯地があり、そこで行われる北海道のジュニア強化合宿には私も選抜されて参加しました。当時、札幌オリンピックがあるということで、ジュニアにも強化費がついていたのだと思われます。しかし私は、その自衛隊の施設に泊まってトレーニングするのが嫌でたまりませんでした。当時の北海道のコーチたちは「とにかく上腕を鍛えなければばいけない」と言うばかりで、私の苦手な懸垂を何セットも繰り返させられたからです。ただ、駐屯地の中だったので食事もおいしいし、夜には近くの売店でお菓子を買ったり、他校の中学生と仲良くなったりと、楽しい思い出になりました。

中学生の大会では、私の時代に「旭川大会」「道北大会」「全道大会」などが正式に始まりました。優勝はありませんでしたが、賞状がもらえるくらいまでは頑張りました。しかし当時は、将来スキーが自分の仕事になるなどとは考えていませんでした。両親も、私がスキーをやっていることについてはほとんど関心がなく、全道大会に出場しても一度も応援に来たことはありません。私も両親が来なくて当たり前だと思っていましたし、「スキーが上手だな」とか「よくやったな」などと言われたこともなかったので、将来も頑張ってスキーを続けようとは思いませんでした。

ただ、スキー部顧問の桑畠先生のきつい練習には、頑張ってついていきました。最初にクロスカントリースキーを教えてくれたのが桑畠先生でよかったと思います。坂を上るときのテクニックなどは、先生が後ろにピッタリついて指導してくれましたし、「私についてこい」と言われてがむしゃらについていくなど、文字通り手取り足取り教わりました。その体験がいまにつながっているのだと思います。

「失敗を責めない」を学ぶ

中学三年のとき、全道大会のリレーの部で優勝できるはずでした。大会当日は大雪が降っていて、そのためもあってか第一走者の海和保仁君がスタートで出遅れてしまい、最後尾でスタジアムからコースに出ていきました。当時はコース全体ではなく、トラック（クラシカル走法で使用するレーン）がある場所しか雪が固められていないために、海和君はなかなか前に出られません。追い抜くときは「バンフライ！」（コースを空けてくれ）と声を掛けて前の選手によけてもらって前に出るのですが、それもうまくできなかったようで、トラックの横の走りにくい新雪の部分を通って追い抜こうとしたのが裏目に出たのか、かなり下位で帰ってきました。そこから、第二走者の細谷牧君、そして第三走者の私、さらにアンカーの田村謙治君とでなんとか盛り返して、順位を五位にまで上げることができました。二十数人くらい抜いての結果なのですごいことなのですが、私たちは優勝できると思っていたのでがっかりしました。「これだけ頑張ってきたのに、なんで五位なのか」と、みんなの表情に出ていたのだと思います。私は桑畠先生に呼ばれて、「秀樹、みんなが全力を出すことが一番大切なんだ。みんなもよくやったと思うし、第一走者が失敗したからといって決して責めたりしてはいけないぞ」と言われたのです。誰も責めるつもりはありませんでしたが、「全員がよく頑張った、よく五番に入ったな」

と先生に言われたとき、みんな泣きながら「ありがとうございました」と言った記憶がありま す。いつも厳しかった先生が、優しくねぎらってくれました。それが私の中学最後の大会だったのですが、先生に優勝のプレゼントをできなかったのが悔しかったです。

そんな経験をしてから、私は誰かがレースで失敗しても責めたり怒ったりしないように努めています。それが、桑畠先生が私にくれた大きなプレゼントだと思っています。

工業高校の土木科に進学

永山中学校を卒業して、家からバスで一時間くらいのところにある、北海道立旭川工業高校に入学しました。普通科の高校にも行きたかったのですが、「旭川工業なら公立で、家にも負担をかけない」と思って入学しました。学科には電子科や機械科、土木科、建築科、自動車科などいくつか専攻する科があるのですが、私は土木科に入ることになりました。当時は受験する段階で志望する学科を三つくらい書いて、入学試験の結果でどの科に入るか振り分けられたような記憶があります。

高校では写真に興味を持ち始めて、近所にある紙パルプ会社で働く人たちの姿や朝の通勤風景などを撮影して、北海道新聞の写真コンクールで入賞したこともあります。リアリズム派の写真家として有名だった土門拳さんが好きで、将来はカメラマンになりたいと思うようになりました。お寺や神社の写真もよく撮りました。私がいまパラリンピック関連のいろいろな写真を撮って「情熱日記」というブログにアップしているのは、そのころからの写真好きが現在に至っているということだと思います。

もっと小さいころからなりたかったのは漫画家です。絵を描くことも好きで、人を笑わせることも好きでしたので（冗談はあまり上手ではないのですが、いまも人を笑わせることは大好きです）、絵を描いて人を笑わせることのできる漫画家になるのもいいなと思っていました。

だいぶ後のことになりますが、帰省していとこの結婚式に出席したときに私は東京の江東区役所に勤務していましたので、親戚のおばさんたちからずいぶん驚かれたものです。おばさんたちは私がてっきり写真か漫画の世界に進んだと思っていたらしく、まさか堅いイメージのある公務員になっていたとは思わなかったようです。ちなみに、子どものころから絵を描くことが好きだったことは、いま海外の大会に行ったときに、子どもたちにサインと日本のマンガのキャラクターを一緒に描いてあげると、とても喜んでくれるので大いに役立っています。

高校時代の思い出としては、友人と二人でザックを背負ってテントも持参して、北海道をヒッチハイクしたことも心に残っています。旭川から函館までトラックを乗り継いで一週間くらいかかった記憶がありますが、トラックが捕まらないときはテントを張って泊まったり、お寺に泊めてもらったり、一緒に行った友人が途中で旭川に帰ってからは、函館近くの街で知り合ったばかりの高校生の家に泊めてもらったりしました。かなりずうずうしかったのですが、このヒッチハイクを通じて自分でもだいぶ度胸が付いたように感じました。

このように書いていくと、ずいぶん楽しい高校生活だったように思われるかもしれませんが、途中から大学に行きたいと思うようになってからは、英語の授業が週に一時間くらいしかない工業高校ではなく、普通科の高校に行っておけばよかったというモヤモヤ感をずっと引きずっていたような気がします。旭川工業高校に入って、最初はスキー部と陸上部に入りましたが、クロスカントリースキーのランナーは私だけで、ほかはアルペンの選手ばかりでした。そして二年生のときに祖父の栄次郎が亡くなって、家の仕事を手伝わなければならなくなったためにスキー部を辞めました。兄は札幌近郊の全寮制の酪農学園大学付属高校に入学していて、家の手伝いをするのは私しかいなかったのです。

同じころ私は、漠然とではありましたが将来のことを考えるようになり、自分に何ができるのか試してみたいという思いが強くなりました。スキーで実力を付けて大学に進むということも考えないではありませんでしたが、スキー部を辞めた時点でその道は自分で断念し、方向転換することにしました。北海道の田舎の環境とは違う世界を見て、勉強をしてみたいと思い、東京の大学を志望するようになりました。当時は旭川工業高校から道内の大学に進む人はいましたが、東京まで行く人はまだ少なかったと思います。幸い勉強に理解のある両親でしたので、自分で決めたことなら頑張ってみなさいということで了承してくれました。当時は予備校や進学塾もなく、独学でやるしかありません。三年のときは、専門課程の卒業課題の設計などがあり、それに時間を取られました。進学希望者はクラスで一人だけでしたが、諦めずに大学受験のための勉強をしていた私を、心配したクラスメートや三年間担任だった金倉先生も応援してくれました。測量や設計などの卒業課題も完成させ、早めに東京に出る決意をしました。

広い世界に飛び出す

「情熱」という言葉に出会った大学時代

高校時代の修学旅行は京都方面でしたので、憧れの東京の土を踏んだのは大学受験のときが初めてでした。高校三年の冬だったと思います。まだ授業がありましたが、早めに上京しました。

高校の一年先輩で東京で働いている寺田さんにお願いし、東京のホテルで働いている彼のお姉さんに上野駅まで迎えに来てもらい、私の父の知り合いの人の親戚が中野駅前で店を開いている仏具屋さんまで送ってもらいました。その仏具屋さんの倉庫兼従業員の寮に住み込んで受験勉強をし、幸い、中央大学経済学部産業経済学科に合格することができました。合格の発表があった後も旭川の実家には帰らず、高校の卒業式にも出席しませんでした。

大学の授業が始まってからも、なかなかアパートが見つからず、高校の先輩の寺田さんのアパートに居候させてもらいながら探しました。これといった家財道具もなかったので、段ボール箱と大きな布団袋だけを担いで総武線で移動しました。いまでは考えられませんが、当時は私と同じように布団袋を担いで電車に乗っている「貧乏学生」がいたのです。

アルバイトはいろんな仕事をしました。精肉店の配達、喫茶店のウエーターや看板屋さん、広告代理店の仕事もしました。広告会社のデザイナーが作った原稿を持って取引先の会社に行って、宣伝の担当者にその原稿でいいか承諾してもらったり、相手の要望に合わせて手直しする個所を確認するような仕事でした。パソコンなどのない時代でしたから、広告原稿といっても厚い台紙に写真や文字を張り付けたようなもので、それをまた大きなカバンに入れて持ち運ぶのです。当時は、大きなカバンが出版関係や広告関係の人のトレードマークのようになっていましたので、自分でもなかなかかっこいい仕事だと思って、けっこう長く続けました。

大学時代には、早朝野球のチームにも入っていました。子どものころからずっと野球がしたかったので、誘われたときはとてもうれしかったです。下宿のあった江東区大島に焼き鳥屋さん（鳥平三号店）があって、コンビニもない時代、私は夜になるとその店のカウンターの端に座って特別に用意してもらった定食を食べるのが日課でした。下宿にはテレビもなかったので、その店のテレビで野球の巨人戦をよく見たものです。そのうちに、店のマスターの坂井さんを中心に常連さんが集まって野球チームをつくろうということになり、私も参加したのです。私は日曜日には練習に出られますし、おそば屋さんに住み込みで働いていたふじおちゃんは木曜が定休日、おすし屋さんの出前持ちのやっちゃんは火曜が休みだったので、火曜、木曜、日曜の朝五時三〇分から七時三〇分までの二時間を練習時間と決めて、アパート近くの工場跡地のグラウンドで熱心に練習しました。みんな地方の出身者でとても楽しい仲間たちでした。地域には「早朝リーグ」という草野球チームのコミュニティもあり、そこへの参加をきっかけに江東区内のいろいろな人と知り合うことができました。早朝リーグのメンバーは商店街で働く人が多く、夜は忙しいため朝しか時間が取れないなかで野球を楽しんでいました。そんな商店街の多くの人たちとも仲良くなることができたのです。

肝心の勉強のほうですが、大学では佐藤清先生のゼミに入りました。佐藤先生は『フランス――経済・社会・文化の諸相』（編著、中央大学出版部、二〇一〇年）などの著書のあるフランス経済学・社会学の専門家で、フランス政府から勲章も授与された有名な研究者です。私の入学当時はまだ講師か助教授になられたばかりのころで、授業が終わると大学近くのレストランに連れて行ってくれるなど、学生をかわいがってくださいました。普段は学生食堂でハムカツなどしか食べていなかったので、先生がごちそうしてくれるレストランの食事がとてもおいしかったことを覚えています。あるとき、何かの会話のなかで佐藤先生が、情熱について話されたことがありました。「情熱を傾けて頑張ってごらん、必ずたくさんの人や知恵が集まってくるよ」と、まるでシャンソンの一節のようにおっしゃった言葉が強烈な印象として残りました。そして、それを聞いた帰り道で私は思わず「情熱は磁石だ」と叫んでいました。

職場でクロスカントリースキーを再開

就職は、東京都特別区の職員試験に受かり、江東区経済課商工係に配属になりました。東京の地域の振興や地場産業に興味があったこともあり、地元の北海道に帰ることは考えませんでした。両親は旭川から札幌に転居して暮らしていましたし、次男の私は、大学を卒業しても東京で生活することにしたわけです。

仕事にも慣れたころ、区職員のスキー部があることを知りました。レクリエーション的な同好会のクラブでしたが、何人かは競技志向で自治体対抗のスキー大会や区民大会に出場したり、東京都スキー連盟に加盟して都民クラブ対抗や東京都民大会にも出場していました。アルペン種目だけでなくクロスカントリースキーの部もあると聞いて驚きました。特別区のスキー部ではアルペン競技で国体をめざしている選手がいました。先輩に勧められスキー部に入ったのですが、まさか東京でもう一度クロスカントリースキーを始めるとは思ってもいませんでした。
始めた理由が二つあります。一つは、弟の千春が山梨大学医学部付属病院に勤めながらクロスカントリースキーを続け、県代表で国体にも出場していて、「兄さんも一緒に出ないか」と誘われたことでした。もう一つは、雪のない東京にもクロスカントリースキーを頑張ってやっている中学生や高校生がいることを知り、一緒にトレーニングして大会に出てみようと決意したからです。

私もクロスカントリースキーで国体に出ようと目標を立てて、職場でチームづくりを始めました。区役所の職員にも東北や雪国出身で子どものころにクロスカントリースキーを経験したという人や、マラソンの速い人がいたので、彼らを口説いてなんとかクロスカントリースキーのリレーチームをつくり、自治体対抗のスキー大会や東京都選手権大会、あるいは個人では国体予

クロスカントリースキーの体力づくりとして、ロードレースにも出場していた。

選などに出場するようになりました。お金を積み立ててチームユニホームやワックスなどの用具もそろえ、チームらしくなってきました。東京にはクロスカントリースキーの強豪の企業チームもあって、成年の部は国体でも優勝候補でした。私は成年の部で三回ほど国体に出場することができ、ぜひ八位までの入賞を果たして区役所の仲間に賞状を見せたかったのですが、成績は一二位が最高でした。けれど夏場にかなり走り込んだおかげで走力が付いて、都内のマラソン大会で入賞するという思わぬ収穫もありました。

横山久雄さんとの出会い

国体出場を目標にしてクロスカントリースキーのトレーニングに取り組み始めた区役所時代に、私は週末になると新潟県の妙高高原にある横山久雄スクールに通うようになりました。横山さんはオリンピックナショナルチームのコーチや中央大学スキー部監督なども務められた方で、私が通い始める以前から妙高高原で池廼家《いけのや》という旅館も経営されていました。久美子さん（長野オリンピック・クロスカントリースキー出場）、寿美子さん（リレハンメル・長野・ソルトレーク・トリノ、以上オリンピック四大会連続でクロスカントリースキー出場）という二人のお嬢さんも日本のトップクラスの選手で、横山さんはスキー界では有名な指導者の一人です。そしてたくさんの選手がトレーニングに訪れていました。

そのころ横山さんに指導を受けて、私がとくに印象に残っているのは、「最後まで理想とするフォームで走り切った者こそが勝利を勝ち取れる」という言葉と、スキー競技におけるワックスの重要性です。横山さんには本当にいろいろなことを教えていただきました。私が後にパラリンピックの監督になってからも、チームへのアドバイス、また特別コーチとして長野、ソルトレーク、トリノ、バンクーバーとパラリンピック大会の現場でも多大な指導や助言を受け、数多くのメダリスト、入賞者を輩出することができました。

業務の前後に毎日トレーニング

区役所に勤めながらクロスカントリースキー選手を続けるためには、業務の前後の時間を利用してとにかく練習するしかありません。平日は毎朝七キロくらいの走り込みをして、家で着替えて八時までに出勤。昼休みは一二時のチャイムが鳴ったら着替えて近くの公園のジョギングロード五キロを二〇分で走り、それから急いでおにぎりの昼食。夕方は業務時間が過ぎて仕事が一段落すると、猛スピードで駆け出して区内の夢の島陸上競技場に行き、そこでインターバルや長距離走などをこなしていました。また、自宅の近くに区営のスポーツセンターがあったので、陸上競技場の帰りにジムに寄って、九時くらいまで筋力トレーニングをして帰宅する――というのが日常でした。週末の土曜や日曜には妙高高原の横山久雄スクールに通い、スキーシーズン以外には、関東近郊で行われるマラソン大会にも出場していたほどです。ランナーズハイというのでしょうか、そんな状態で三年か四年を過ごしていました。

それに加えて、職場のクラブ活動ではスキー部のほかに野球部、陸上部、バスケットボール部にも加わっていました。野球部では、経験がなく最初はキャッチボールもうまくできなかったのですが、元高校球児で同僚の小泉茂君にボールの握り方、バットの振り方、走塁の基本、試合中の作戦、各ポジションや打順によって違う役割、ランナーになったときの心構え、カウントごとにどんな球を打てばよいのか、などなど本当に細かく納得がいくまで教えてもらいました。一番若い部員だった小泉君の教え方は、その後の私の監督業にも生きています。もちろん野球部は強くなっていきました。その後、高校や大学での硬式野球経験者などが職員採用されて入部してくれたこともあって、東京都軟式野球連盟

第47回べにばな国体に出場。

の都大会二部で優勝し、軟式野球関東大会に出場するまでになりました。

クロスカントリースキー以外のスポーツからも学ぶことは多くありました。とくにチームスポーツの経験がなかった私にとっては、大切な人間形成の場でもありました。スポーツの素晴らしさだと思います。そして何よりクロスカントリースキーがますます好きになりました。どのようにすればうまくなれるか、チームを強くするにはどうしたらいいかなど、考える力が大切だということも分かってきましたし、全員で頑張ることの大切さも教えてもらいました。私にとって、個人競技といわれているクロスカントリースキーを、チームスポーツと考えて取り組めるようになったことも大きな財産になっています。これらが現在のパラリンピックチーム監督を務めるうえでの原点と言えます。

3

これでは勝てない

長野パラリンピックからソルトレークパラリンピックへ

ソルトレークパラリンピックでの誤算

長野パラリンピックから四年後のアメリカ・ユタ州のソルトレークシティーで開催されるパラリンピックに向け、私は東京・江東区の深川スポーツセンター所長を務めながら、国内合宿やワールドカップ出場のための海外遠征、選手やスタッフの所属先の企業や学校を訪問しての特別休暇のお願い、そしてチームスポンサー探しと、一人で何役もこなしていました。そんな私を、スポーツセンターの同僚たちも応援してくれました。パラリンピックに関するイベントを開催したり、勤務のローテーションを配慮してくれ、おかげで私はスポーツセンターの仕事と日本代表チーム監督の仕事を両立することができました。助けてくれた当時の職員の仲間にも心から感謝しています。

そうした周囲のサポートや応援もあって、新田佳浩君をはじめ、小林深雪さん、シットスキーの長田弘幸君や久保田とし子さんたちは海外遠征でも好成績を残し、傳田寛君もバイアスロンの射撃の腕前は世界トップクラスになっていました。このままいけばソルトレークパラリンピックでは負けるはずがないと、私は考えていました。なぜかというと、当時は障がいの程度に応じたクラスごとにメダルを競うレースだったからです。

現在のパラリンピックのノルディックスキー競技は三つのカテゴリーから成り立っています。①視覚障がいの部、②手足の障がいのある立位の部、③シットスキーの座位の部の三つです。その三つのカテゴリーのなかで、国際パラリンピック委員会が障がいの程度に応じて設定した係数（ハンディ）を選手のタイムに掛けて順位が決まります。しかし、当時はそのようなカテゴリーにはなっておらず、現在のパラリンピックの水泳や陸上競技と同じように、カテゴリーがもっと細分化されていたのです。たとえば視覚障がいの部は、B1（全盲）・B2（弱視）・B3（軽い弱視）の三クラス、立位は、LW2から9までの上肢下肢の障がい別の八クラス、シットスキーは、LW10（座位不安定）・LW11（座位やや不安定）・LW12（座位安定）という三クラスに分けられ、そのクラスごとに金メダルを競っていました。つまり、障がいの程度に応じてクラス分けして競技が行われるので、金メダルが取れる可能性が高い仕組みだったのです。

ところが、二〇〇〇年ころから欧米の選手たちがプロ化したことで、企業のスポンサーがつくようになり、変化が起こりました。たとえば、これまでは視覚障がいの部ではB1・B2・B3と三人の金メダリストが生まれたのですが、それでは「誰が世界チャンピオンなのか分からず、メダルの価値も下がってしまう」との声がスポンサー企業から上がり、それを受けてプロの選手サイドからも、「金メダルは一つに絞って、メダルの価値を高めよう」という声が出

●ノルディックスキーのカテゴリー

◇視覚障がいの部

クラス	障がいの程度［選手名］
B 1	視力0～光覚（光を感じられる程度の選手）［井口（小林）深雪］
B 2	光覚～矯正視力0.03または視野5度以内
B 3	矯正視力0.03～0.1、または視野5度～20度

◇立位の部

クラス	障がいの程度［選手名］
LW 2	片下肢に障がい　片大腿切断等 （ストック2本＋スキー板2本）
LW 3	両下肢に障がい　足首関節以上の両下腿切断等 （ストック2本＋スキー板2本）
LW 4	片下腿に障がい　片下腿切断で義足使用等 （ストック2本＋スキー板2本）
LW 5/7	両上肢に障がい　両上腕切断等［川除大輝］ （ストックなし、スキー板2本）
LW 6	片上肢に障がい　片側上腕切断等［出来島桃子、阿部友里香］ （ストック1本＋スキー板2本）［トーマス（GER）］
LW 8	片上肢に障がい　片側前腕切断等［新田佳浩、太田渉子］ （ストック1本＋スキー板2本）［傳田寛、イルカ（FIN）］
LW 9	片上肢と片下肢に障がい （自ら選択したストックとスキー板を使用）

◇座位の部

クラス	障がいの程度［選手名］
LW 10	下肢に障がい　座るバランスがない［長田弘幸、室塚一也］ （シットスキー）
LW 10.5	下肢および上部腹筋の機能がない　座るバランスがやや良い （シットスキー）
LW 11	下肢に機能障がい　座るバランスがより良い （シットスキー）［久保恒造、久保田とし子］
LW 11.5	下肢に機能障がい　座るバランスが良好 （シットスキー）
LW 12	下肢に切断の障がい［ハラルド（NOR）］ （シットスキー）

＊［　］本文に登場する選手名と該当クラス

始めたのです。このような事情を背景に、二〇〇二年のＩＰＣ（国際パラリンピック委員会）ノルディックスキー委員会の総会で、それまで細分化されていたカテゴリーをすべて統合することになりました。すなわち、視覚障がいの部、立位の部、シットスキーの部において、男女別でそれぞれ一つの金メダルに統一されたのです。

この制度変更は、ソルトレークパラリンピックが終わった後のワールドカップから適用されることになりました。ですから、二〇〇二年のソルトレークパラリンピックには、「日本にとってメダルが多く狙える最後の大会だ」という意気込みで参加しました。

ところが、ふたを開けてみると、金メダルを取れる可能性が高い大会だという私たちの思惑は完全に外れて、スタンディング（立位）の新田佳浩君が五キロ・クラシカルで銅メダル（金メダリストのドーピング違反で繰り上げになった）を獲得した以外は、期待した結果を残すことはできませんでした。スタンディングの傳田寛君がバイアスロンで四位、シットスキーの長田弘幸君が五キロと一〇キロでいずれも五位、長野で金メダルを獲得した視覚障がいの小林深雪さんも、この大会ではバイアスロンで六位入賞にとどまりました。

欧米の選手たちは、それぞれユニホームに企業のワッペンをたくさん付けており、企業からの強いサポートが選手の水準を引き上げていることは容易に想像がつきました。また、長野のときにはそれほど強くなかったウクライナやロシアといった国々の選手も、ソルトレークでは相当強くなっていて驚きました。これらの国々では、パラリンピックで選手にメダルを獲得させるための施策がとられていて、そのため非常に強くなっていたのです。

　そういった状況のなかで、日本のパラノルディックスキーは惨敗ともいえる結果でした。「このままではいけない、日本でも諸外国と同じような支援体制、選手たちが思う存分練習に打ち込める環境が必要だ」と強く感じました。

世界に後れを取る日本の環境

　日本は世界の変化に乗り遅れ、状況はお寒いままでした。長野パラリンピックが終わると強化費、遠征費の予算も削られ、ある年の年間強化費はクロスカントリース

日本選手・スタッフとマッキーバー選手（カナダ）。カナダチームは帽子・ユニホームに企業のワッペンをたくさん付けていた（2003年ワールドカップ）。

キー日本チーム全体で一〇〇万円にも満たず、スポンサー集めや寄付を募るなど孤軍奮闘しましたが資金不足で、ワールドカップにも参加できない選手が出るありさまでした。小林深雪さんのガイドの遠征費用なども選手本人に負担してもらっていましたが、欧州開催が多いワールドカップ遠征では約三〇万円の経費がかかるとすれば、選手はガイドと合わせて二人分の約六〇万円を負担しなければなりません。それでも選手たちは自分で働いて得た給料を貯金して、なんとか遠征費を捻出していました。そんな状況のなかで迎えたソルトレークパラリンピックだったので、苦しい台所事情を理解して応援していただいた人たちのためにも、メダルを取って報いたいと思っていたのです。

しかし、さまざまな支援を受けている各国の選手の水準が私たち以上に向上していて、惨敗を喫してしまったわけです。当時、ロシアやウクライナの選手たちは「オリンピック選手と同じように強化が始まった」ということを話してくれました。「メダルを取ると年金が出るから、頑張っている」と聞いて、私は驚きました。もちろん、日本にそんな制度はありませんし、世界はそこまで力を入れているのかと思いました。

私は、このままでは駄目だと感じ、日本独自の対策があるはずだと考えました。一つにはスポンサーになってくれる企業を見つけること、もう一つは実業団チームをつくり、選手や監督、コーチを雇用してもらえる体制のなかで、みんなで一致団結して取り組んでいくこと――この二つが重要だと考え、実業団チームをサポートしてくれる企業探しを始めたのです。

ソルトレーク後の選手たち

新田佳浩君は筑波大学三年の時に出場したソルトレークパラリンピックが終わった後、大学を卒業して就職し、スキー選手としてスタートしました。世界的なスポーツ用品メーカーであるアディダス社が、障がい者雇用で新田君を採用すると同時に、スキー部をつくってもいいという意向を示してくれたので、彼は同社に就職したのです。私はまだ江東区役所の職員でしたので、報酬は受けないかたちで監督に就任しました。当時、日本のパラリンピック選手で企業所属の選手というのは、珍しかったと思います。もちろんパラリンピックのスキー界では、新田君が第一号でした。アディダススキー部の場合、合宿や大会の費用はすべて負担してもらえます。そして給与以外にも、大会で好成績を挙げれば報奨がもらえるインセンティブ制度をつくりました。また社員としても新田君は、スキーの活動と並行してプロモーションの仕事に頑張って取り組んでいました。

そんな状況のなか、二〇〇四年になって長田弘幸君が、「お金がないので、今年のワールドカップを最後に引退します」と表明しました。双子のお子さんが生まれて家庭も大変だし、そろそろスキーを卒業して働かなければいけない、ということでした。奥さんが定期預金で貯めていた三〇万円を下ろしてきて、「最後の大会に行ってきて」と言ってくれたのだそうです。その三〇万円で、長田君は二〇〇四年二月にカナダのオルフォードで行われたワールドカップ最終戦に出場し、シットスキーで日本人初の金メダルを取りました。彼はそれまで世界大会では五〜六位だったのですが、奥さんの思いに応えて大躍進を果たしたのです。

そのことを、北海道新聞をはじめいろいろなメディアが取り上げてくれたので、私はまたそれらを切り抜いて営業ツールを作り、「いま、世界で勝てる選手がいます。ぜひ、実業団チームをつくってください」と、あちこちの企業を駆け回りました。当時の日本は不景気で、実業団のスポーツチームが休部や廃部になるという状況のピークにありました。しかし私は逆に、いまがチャンスだと思ったのです。こういう時こそ、「パラリンピックの実業団

事故で下半身まひ 20年後の快挙

障害者距離スキーW杯

長田選手（札幌）日本人初V

カナダ・ケベック市で開催中の障害者距離スキーのワールドカップ（W杯）カナダ大会で十日（日本時間十一日未明）、札幌市手稲区の長田弘幸選手（40）が、男子シットスキー五キロで見事に優勝を飾った。距離W杯に日本が参戦して七年目。男女を通じて初の快挙を道産子が達成した。

レースには、長田選手ら日本人四選手と、二〇〇二年ソルトレークシティー・パラリンピックのメダリストら九カ国の計十五選手が出場。下半身まひ選手用の座席付きのシットスキーで、二・五キロコースを二周するタイムで競った。

北海道新聞に入った連絡によると、長田選手は前半から積極的に飛ばし、一・五キロ地点を首位と二十三秒差の六位で通過。上り坂が続く過酷なコースで粘り、二周目の三・五キロ地点では二位に浮上。最後のアップダウンで、ウクライナの強豪

障害者距離スキーW杯で日本人初の金メダルを手に笑顔の長田選手
（日本チーム提供）

長田弘幸選手の優勝を伝える北海道新聞（2004年2月12日付）。

スキーチームはどうですか」とお願いに行ったほうがいいと思いました。なぜなら日本の企業には、社会貢献事業やスポーツ事業を行うことが企業文化として定着しているので、既存の取り組みがなくなれば、パラリンピックの競技も選択肢の一つとして検討してもらえるのではないかと考えたからです。「少し景気が回復すれば、企業はもう一度こうした事業に必ず着手するはずだ」、そういう思いを胸に秘めて、いろいろな企業を訪ねました。

実業団チームの創部へ

日立システムアンドサービスとの出会い

ちょうどそのころ、私が江東区役所に入ってからスキーの指導を仰いできた、新潟県の妙高高原で旅館を経営されている横山久雄さんの長女・久美子さんの結婚披露宴があり、私も招待されました。久美子さんは前年にオーストリアのスキーメーカー勤務のオーストリア人の男性と現地で結婚式を挙げ、その披露宴が日本でも行われたというわけです。カナダでのワールドカップの後の、二〇〇四年四月一七日のことでした。

その披露宴には多くのスキー関係者も招待され、中央大学スキー部で横山さんの一年後輩に当たる、日立システムアンドサービスの監査役だった渡部勤さんも出席されていました。帰りの電車で偶然に席が隣り合ったので、妙高高原駅から長野駅までの四〇分ほど、二人でずっと話をしました。「いい披露宴でしたね」から始まり、私がパラリンピックノルディックスキーチームの監督をしていることや、厳しい経済状況のなかで懸命に競技に取り組んでいる選手一人ひとりのこと、長野パラリンピックで金メダルを取った視覚障がいの小林深雪さんは横山さんにも指導を受けるなど大変お世話になったこと、同年二月にカナダで行われたばかりのワールドカップ最終戦でシットスキーの長田弘幸君が優勝したことや、前年にチームに入ってきた山形県尾花沢市出身で左手に障がいのある中学生の太田渉子さんがやはり同じカナダのワールドカップで四位に入賞したこと、ソルトレークパラリンピック・立位の部で新田佳浩君が銅メダルを取ったことなど、いろいろな話をしました。そして、「もし御社が企業スポーツを考えておられるのでしたら、ぜひパラリンピックのクロスカントリースキーチームも選択肢の一つとしてご検討ください」とお願いしました。渡部さんは「いやあ、いい話を聞かせてくれてありがとう」と言われ、長野駅に着いた私たちは東京へ向かう新幹線の別々の車両に分かれました。

その四カ月後の八月に私たちのチームはニュージーランド雪上合宿に行き、私はお世話になった企業の方や、名刺交換させていただいている方々に、いつものように現地からごあいさつの絵はがきを出しました。渡部さんにも会社あてに絵はがきをお送りしました。すでに監査役を退任されていて、会社から定期的にまとめて自宅に転送される郵便物の中に私の絵はがきを見つけられました。そして私のことを思い出し、そういえばスキー部をつくってほしいと言っていたなということで、すぐにかつての同僚だった同社の中村博行社長や奥村塼《ひとし》常務（いずれも当時）などに話を通してくださったのです。

シンボリックなスポーツで社内に一体感を

日立システムアンドサービスは二〇〇〇年に、日立製作所の子会社である日立システムエンジニアリング（東京）と、日立西部ソフトウェア（大阪）、日立中部ソフトウェア（名古屋）の三社が合併してできた会社です（当時は二部上場）。三つの違う会社が合併してできたので、社としての一体感をつくることが緊急の課題だったそうです。なぜ一体感が生まれないのか。聞くところによると、その原因は職種によるものでした。ほとんどの社員がシステムエンジニアとしてクライアントの会社に行って仕事をしており、そのクライアント企業の社員のように働いているため、どうしても会社としての一体感が生まれにくい構造になっていたのです。

そこで役員の方たちは、これではいけないと考え、シンボリックなスポーツを展開することで社員みんなが一緒に応援できるような環境をつくり、そこから一体感を醸成したいという希望をもっていたのだそうです。そのようなときに、渡部さんが私からの絵はがきを役員の方たちに見せて、「どうだろう、パラリンピックのスキー部をつくらないか？　世界で勝てる選手もいるらしい」と紹介してくださったのでした。

ちょうど二〇〇四年八月のことで、アテネオリンピックが開催されていた時期だったのも良いタイミングでした。すぐに「検討する価値はある」ということになったようで、渡部さんから「東京に戻ったら、すぐに会社に来てください」とメールが入りました。ニュージーランドから東京に帰るとすぐに渡部さんにお会いして一緒にスキー部創設の企画書を作り、それを持って役員会でプレゼンテーションをしたのが九月でした。九月にはアテネオリンピックも終わり、今度はパラリンピックの報道が新聞紙面やテレビのニュース番組をにぎわせていたので、それを見ていた役員の方たちも、「パラリンピックって、これか、いいじゃないか」と思ってくれたようです。

選手たちによるプレゼンテーション、そして創部へ

ただ、これまで社には実業団チームがありませんでしたし、ましてや障がい者スポーツの実業団となると、他社にも前例がないとして躊躇する意見も出され、すぐに満場一致で賛成というわけにはいかなかったようでした。それなら実際に選手と会って、直接話を聞いてもらうの

がいいということになり、小林さん、長田君と私が役員会議で話すことになりました。

当日は一人五分の時間をいただきました。小林さんは弱視という自分の障がいのことから話し始め、会社のために自分は何ができるかということまで話しました。「マッサージも仕事として行っていますので、社内にケアセンターをつくっていただけたら、社員の皆さんに福利厚生としてマッサージも施すことができます。長野パラリンピックの金メダリストからマッサージを受けることなんて、普通はなかなかないと思いますよ」などと、会議の場を和ませる話もしてくれました。

また長田君は実直な人柄そのままに、「自分は車いすの生活が一五年になりますが、今年二月のカナダのワールドカップでの優勝に続いてもう一度、世界を相手に戦いたい。どうか応援してください」と、ストレートに気持ちを話してくれました。

会社としてもグローバルな舞台で事業を展開したいという思いが役員の方たちにあったのでしょう。「世界一になりたい！」と頑張る選手たちの姿を見れば社員のモチベーションも上がり、必ずや会社ももっともっと元気になるだろうということで、実業団設立に役員全員が賛成してくれたのです。そしてこの日のプレゼンテーションから二カ月後の「一一月一一日」にスキー部が設立されました。小林さん、長田君、太田渉子さんと私の四人が一番に輝くようにと、一が四つ並ぶこの日を選んでくれました。早速、小林さんと長田君が入社し、中学三年生だっ

スキー部創部当時のパネル。

た太田さんもジュニア選手として日立システムスキー部に所属することが決まりました。

　左手に障がいのある太田さんは、私が二〇〇二年八月に山形県尾花沢市で行われた全日本選抜ローラースキー大会に全日本スキー連盟から技術代表として派遣された際に、ストック一本で走っていた中学一年の彼女の姿に将来性を感じ、翌二〇〇三年に日本障害者スキー連盟の強化指定選手に選んで一緒に合宿や大会に参加してきたという経緯がありました。二〇〇四年二月のカナダでのワールドカップで四位になるなど、早くもメダルを期待させる活躍を見せてくれていました。彼女については尾花沢中学校や教育委員会などと話し合いをして、企業サポートと中学生としての大会参加などに関して細かい確認や取り決めをし、合意のうえでジュニア選手としての活動が可能になりました。

　二〇〇四年八月にニュージーランドから絵はがきを出して、九月にプレゼンテーション、そして一一月に創部ですから、本当にとんとん拍子に進みました。創部が決定した段階で、私はまだ江東区役所の職員でした。区役所を辞める決心はついていましたが、家族に迷惑がかかるといけないので相談したところ、「お父さんのやりたい道を進めばいいよ」と背中を押してくれました。一一月に正式に辞職の願いを申し出て、翌年の三月に区役所を退職することになりました。ちょうどそのころは企業スポーツが休部・廃部になるというニュースが多かった時期でしたので、友人や家族も心配していたと思います。そして私自身は四月一日に、正式に日立システムアンドサービス（現・日立ソリューションズ）に入社することになったのです。チーム名はイタリア語で「ＡＵＲＯＲＡ（アウローラ）」、「夜明け」という意味で、当時のチームの事務局長の古橋浩志さんが付けてくれました。チームのマスコット、キタキツネの「アウローラくん」のイラスト原案は私が描きました。小さいころに漫画家になりたいと思っていつも絵を描いていたことが、こんなときに役に立ったのも運命かもしれません。そして、「情熱は磁石だ」と信じてこれまで頑張り続けられたこと、すべてに感謝した瞬間でした。

「パラリンピック」をオリンピック並みの環境に！

現在では、パラリンピックに対する国からの支援は見違えるほど改善されました。二〇一四年三月のソチパラリンピックの時は管轄省庁が厚生労働省だったのですが、それが二〇一四年度から文部科学省に移行したのも大きな要因だと思われます。

しかし、選手強化や次世代育成の現場のほうが、現在の国の施策に追い付いていないというのが正直なところです。たとえば、国のサポートで医科学データを取るための測定や検査が行われても、選手は行くことができますが、コーチやスタッフは行くことが難しいのです。学校教師などの本業があるため、休みを自由に取れないからです。こうした状況も変えていかなければならないと思っています。

私は、オリンピックのようにチームの監督やコーチを専業としてやっていける専任コーチ制度を、早くパラリンピックにも導入すべきだと訴えてきました。それがやっと実現するようになってきました。メダル候補選手にはトレーニング費用として毎月まとまった金額が支給されるなど、オリンピック選手並みのアスリート助成制度も確立しています。

これからパラリンピックでも、国から給料を受けられるプロのコーチたちがどんどん増えてくると思います。もちろん制度を利用するためにはいろいろな条件がありますが、確実に世界に追い付けるようオリンピック・パラリンピックの強化、制度の充実が進んでいます。

トップスポーツマネジメントを学ぶ

平田竹男ゼミの門をたたく

私が平田竹男先生（現・内閣官房参与、内閣官房東京オリンピック・パラリンピック競技大会推進本部事務局長、早稲田大学大学院スポーツ科学研究科教授）のことを知ったのは、二〇〇六年です。スポーツ新聞を読んでいたら、通商産業省（現・経済産業省）を経て日本サッカー協会の専務理事を務められた平田先生が、これから早稲田大学の大学院で、社会人を対象にした修士課程一年制のトップスポーツマネジメントのゼミを開始するという記事が載っていました。私は、企業に向けてパラリンピックへの支援や協力をお願いする企画書を作っていましたが、それに加えて、日本でもワールドカップのような大会を開くにはどうすればいいか、選手たちを企業に雇用してもらうにはどうしたらいいか、パラリンピックでもプロの監督やコーチ制度をつくるためにはどうしたらいいかなどをずっと考えていました。そんなときに、トップスポーツマネジメントのゼミが開始されると知って、これはパラリンピックにも絶対に必要なことだと思い、どうしても大学院で学びたいと思ったのです。

しかし、早稲田大学のホームページで調べてみると、大学院の試験日が海外でのワールドカップの開催と重なっているため、私は試験を受けることができません。すぐに連絡先を調べて、大学に「なんとか別の日に試験を受けさせていただけませんか」と電話をしたのですが、その答えは「ノー」でした。そこで私は「では来年必ず受験させていただきます」と言って、その場は終わりました。その後一年間は一度も連絡しなかったのですが、翌年の願書申し込み前に、平田先生に電話をしてみました。すると、「一度会いましょう」と東京・高田馬場のビジネスホテルのレストランで会っていただけることになったのです。

私は、パラリンピックのノルディックスキーチームの監督をやっていることや、パラリンピックの現状、選手の置かれている環境などを説明し、トップスポーツマネジメントを学んでパラリンピックの現場で生かしたいと話しました。先生も、パラリンピックの現場に立つ関係者としての私の話を聞いてくださり、「なぜ、知的障がい者は入っていないのですか？」「荒井さんは、なぜパラリンピックに関わったのですか？」と矢継ぎ早に質問され、パラリンピックに非常に興味を示されました。そして、「受験してみなさい」と言ってくださり、なんとか平田先生のゼミに入学することができました。私は平田ゼミの第二期生となったのですが、そうそうたる人たちと一緒に学ぶことになりました。陸上一〇〇メートルの日本記録保持者（当時）の伊東浩司さん、日本初のプロ卓球選手で現在は卓球プロリーグ立ち上げに奔走している松下浩二さん、元日本代表のプロサッカー選手で現在はJリーグFC町田ゼルビア監督の相馬直樹さん、シダックス最高顧問で日本KWB野球（軟式と硬式をつなぐ架け橋となるKWBボールを使用する少年野球）連盟会長の志太勤さんや講談社社長の野間省伸さんをはじめ、いろいろな企業やスポーツ界で活躍している総勢一五人が集まりました。

物事を建設的に解決していく方法論

授業はほぼ毎日、夜に西早稲田の早稲田大学で行われました。土曜・日曜も朝から夕方まで集中講義がありました。大学院のカリキュラムは、平田先生の講義だけでなく、統計学などいろいろな科目を履修し、単位を取得するというもので、どうしても授業に出られないときは、ほかの日に別の先生の授業を受け、あるいはレポートを提出するなどしながら、自分でも本当に真剣に取り組みました。そして「日立システムスキー部の事例からみる障がい者スポーツ支援モデルに関する研究」という修士論文を書き上げ、優秀賞までいただいたのはうれしいことでした。ここで学んだ一年間が、私にとって、学問においても人間関係においても非常に重要な蓄積になりました。これまで私は勘だけを頼りにやってきましたが、少しは理論的・体系的に物事を見る土台ができたように思います。また、私という人間を通じて、平田先生にもパラリンピックというものに触れていただけたのもよかったのではないかと思っています。

いまでも忘れられないのは、平田先生から「国からの支援がない」とか「制度的な部分で不十分である」ということにフォーカスする（焦点を合わせる）のではなく、「どうすれば多くの人たちに応援してもらえるか」をテーマにして研究したほうがいいというアドバイスをいただいたことです。

パラリンピックだけで大きなビジネスモデルをつくるのは難しいけれども、パラリンピックを応援・支援してくれるシステムづくりができれば、パラリンピックも自立できるのではないか。「お金がない」「国の支援がない」と、とかく不満を抱えがちだった私ですが、物事をもっと建設的に解決していくという思考の転換を学べたことが、平田ゼミに入っての大きな収穫でした。

選手引退後にも働ける環境づくりを

二〇二〇年東京オリンピック・パラリンピック開催を契機に、日本でも今後企業がパラリンピックの選手をサポートしていく動きは加速すると思います。その一方で、選手を支えるコーチやスタッフの置かれている状況はどうかといえば、まだまだ不十分で、コーチングに専念できる体制にはなっていません。文科省の管轄になって、専任コーチ制度や給与体系制度が改革されても、実際にコーチやスタッフを支える企業がなければ、そうした制度も十分に活用できません。やはり、安定的な仕事があって、初めて選手を支えることができるのです。ですから、監督・コーチ・選手が一緒に雇用されるような実業団スタイルを、パラリンピックでもつくっていくべきだと私は考えています。

現在、パラリンピックの選手を雇用している企業はいくつもありますが、活動資金とトレーニングのできる環境を与えているというレベルにとどまっています。こうした現状を、将来的には日立ソリューションズ「チームＡＵＲＯＲＡ」のような実業団スタイルの仕組みに変えていくことが重要です。

とくに、障がい者雇用枠でパラリンピックの選手を雇用している企業は多いのですが、それではその選手が現役を終えたときに、その企業でずっと働けるようなシステムづくりがされているのでしょうか。ほとんどの選手は練習に打ち込むために、職場に出社していないのが現状です。これでは仕事も覚えないし、同僚たちの顔も見えてこないし、将来的にその職場で働けるような事前の準備もできません。そうではなく、選手が現役生活を終えた後も、会社の戦力として働き続けることのできるような環境づくりや仕組みづくりをしていかなければいけないと思っています。また選手も、「現役が終わったら会社を辞めなければならない」ではなく、現役引退後の将来を見据えて、所属企業のどんな業務だったら自分の能力を発揮できるか、どんな仕事をしたいのかを考えるべきです。

日立ソリューションズにおける「トリプルミッション」

日立ソリューションズ「チームAURORA」の場合、私とチーム事務局は総務部に、新田佳浩君はマーケティング部に籍を置いて、練習や合宿以外の時間は会社の業務を行っています。新田君はコーチ契約を結んでいる長濱一年コーチと二人三脚でトレーニングに励んでいます。また、合宿や大会遠征の際には、すべてをトレーニング優先のプログラムに切り替えて取り組んでいます。このほか、スキー部には下部組織としてジュニアスキークラブがあり、阿部友里香さん（岩手県出身、大東文化大学スキー部、片腕障がい）、川除大輝君（富山県出身、雄山高校スキー部、両腕障がい）の二選手が所属して、私たちと一緒に合宿や遠征に参加しています。

二〇〇四年のスキー部の創部からすでに一三年が過ぎましたが、設立の際に「社員後援会をつくってほしい」とお願いし、会費は月三〇〇円、社員の自由意思で加入していただくという仕組みになりました。後援会組織があると、社員に身近に感じてもらえるような活動を私たちもしやすいし、応援ツアーなども組んでもらいやすい環境になるだろうと考えたからです。

ＡＵＲＯＲＡが設立されたころのことです。ある社員が、「監督さん、田舎の母から電話があって、『あなたの会社はいい会社だね』と言われました。とてもうれしかったですよ」と報告に来てくれました。お母さんは全国紙で「日本で初のパラリンピックをめざす実業団チーム」という記事を読んで電話をくれたのだそうです。

また、トリノパラリンピックで井口深雪さん（旧姓小林）が金メダルを取ったときに、ある小学校の総合学習で障がい者スポーツ、パラリンピックの授業が行われ、担任の先生が録画したニュースのビデオで井口さんが「この金メダルは、私を応援してくれた日立システムアンドサービスの社員の皆さんのおかげです」と話す映像が流れたそうです。それを見ていた一人の男子児童が「それ、うちのお父さんの会社！」と言って「うちにチームのマスコット人形があるよ」と自慢したそうです。クラスのみんなから拍手されたと、息子さんから聞いた社員から感謝のメールをもらいました。

私が一番にお願いした社員後援会は、その後も会員が増え続け、社員本人だけでなく、その家族にもパラリンピックの応援者になってもらうことができました。創部から現在にいたる中村博行、三好崇司、林雅博、小野功（会長）、佐久間嘉一郎、柴原節男の歴代社長や役員をはじめ、会社一丸となった応援のありがたさにあらためて感謝しているところです。

早稲田大学大学院の平田先生のゼミでは、スポーツを成功させる事例として「トリプルミッション」という理論を学びました。これは、「勝利」「普及」「資金」という三つのミッション（使命）を達成することです。

もちろんスポーツですから、「勝利」することは最重要で、私も一番重視しています。勝利すればいろいろと注目度も高まり、良い効果を生み出すからです。ですから私たちは、「まずは勝つことを目標にしよう」ということで練習に励んでいます。

次に「普及」ですが、これはまずは会社のステークホルダー（お客様、ビジネスパートナー、株主、社員）に対する普及を想定しています。お客様やビジネスパートナーへは、会社の発行する機関誌にスキー部の活動内容や選手の特集を入れてもらったり、ビジネスパートナーへのセミナーの際に少し時間をいただいてスキー部の紹介をさせていただいたりと、いろいろな取り組みをしてきました。また当初は上場していたので株主総会があり、株主総会後の株主交流の場を利用させていただいて、スキー部のブースを設けて大会で受賞したトロフィーやメダル、あるいは選手のスキー用具などを展示しました。そのブースには選手も並んで、株主の皆さんとフリーにトークできるようにもしました。ほかに、株主通信という定期的な発行物にもスキー部を取り上げてもらい、どんな活動をしていて、選手たちはパラリンピックに向けてどのように頑張っているのかを紹介してもらいました。

三つ目は「資金」です。障がい者クロスカントリースキーを「する人」「支える人」「見る人」の輪を広げるためには、競技や選手への資金面での支援も大切です。たとえば、ワールドカップ旭川大会（二〇一五年）、札幌大会（二〇一七年）などの国際大会、国内大会の運営面では、日立ソリューションズだけでなく、多くの企業にスポンサーとして協力をいただきました。

私は、まずは試合で勝利し、ステークホルダーの人たちにより深く理解をいただく、そうしたトリプルミッションを軸にした地道な取り組みこそが、応援の輪の拡大につながっていくように思っています。

4

パラリンピックとどう向き合うのか

表彰台をめざして

選手の成長に必要な意識づくり

冬季パラリンピックで、日本のノルディックスキーはこれまでに四つの金メダルを獲得しています。小林深雪さんが九八年の長野大会と二〇〇六年のトリノ大会のバイアスロンで、新田佳浩君が二〇一〇年のバンクーバー大会のクロスカントリーの一キロ・スプリントと一〇キロ・クラシカルの二種目で取りました。もちろん選手本人の並々ならぬ努力の成果ですが、努力につながる選手としての意識づくりも重要だったと思います。

新田君は一九九六年、一六歳の時にスカウトして、それから二〇年間、一緒に頑張ってきました。私は初めて彼に会ったころ、将来、選手として恥ずかしくない振る舞いを身に付けてもらいたいと思い、あいさつの仕方や食事のマナー、礼儀作法なども自主的に育つような環境をつくるようにしました。選手としての意識づくりです。子どものころからきちんと育てられていたこともあって理解も早く、彼は人の話を聞くときに必ず右手で左手の肘の先を持ち、私たちが両手を前に重ねるようにして聞いています。障がいがあってもなくても、礼儀を重んじる姿勢はその人を立派な人間に成長させてくれます。二〇〇二年のソルトレークパラリンピックの五キロ・クラシカルで銅メダル、二〇〇三年の世界選手権ドイツ大会一〇キロ・クラシカルでは初めての金メダルも取りました。このころから、日本の中心選手としての自覚も高まったように思えます。

意識づくりは、クロスカントリースキーの練習でも重要です。障がいのある手をいかに大きくバランスよく振るかということが、一センチでも二センチでも前に進むことにつながります。ですから普段の生活のなかでも、障がいのある手を動かすように、意識づくりには力を入れました。

また、クロスカントリースキーが初めてという選手は、雪上練習などでも最初は長時間滑ることができませんでした。そんなときに私は「もっと走れ」と無理やり走らせるのではなく、「雪の上に立っているだけでも練習になるんだよ」と根気よく伝えました。「疲れたらきょうの練習はおしまい」とすぐに終わらせず、「雪の上でスキーを履いて立っているだけでも練習になっているのだ」という意識をもってもらえれば、もっともっと力は伸びていきます。長野パラリンピック前の一九九六年から九八年の二年間に選手たちが成長できたのは、そういう意識づくりがうまくいったからではないかと思っています。

もう一つ私が取り組んだのは、合宿先として、必ず別のクロスカントリースキーのチームと一緒に練習ができる場所を選んだことです。大学のスキー部の合宿、オリンピック選手の合宿、あるいは中学生や高校生、一般市民のクロスカントリースキー愛好家のグループの合宿などです。それは意識づくりとして、上級者の走りを見て、盗んで、自分たちの力の向上に役立てるという狙いがあったからです。と同時に、スキーを愛する皆さんにもパラリンピックの競技を見てもらい、選手たちの姿を知ってもらいたいという思いもありました。「クロスカントリースキーは、障がいのある人でも生きがいをもってできる素晴らしいスポーツだ」ということを理解してもらいたかったのです。

さらに付け加えるなら、海外の大会に遠征したときには、必ず表彰式に参加することにしていました。初めのころは、日本選手はまだまだ表彰台に上がるようなレベルではありませんでしたが、それでも欠かさず表彰式には参加しました。ほかの国の選手たちは、自国の選手が表彰されないのであれば式には参

2000年のIPC世界選手権大会で初のメダルを獲得した新田佳浩選手と。

加しません。しかし私たちは、チームメートが誰も表彰台に上がらないのに見に行くのです。ほかの国の選手や大会関係者からは「なぜわざわざ参加するのか、日本チームは変わっているな」と思われたに違いありません。

変わり者と思われても、なぜそのようなことをしたのか。それは、日本の選手に、表彰台に立った選手の顔を見せたかったからです。彼らは、感激でいっぱいの素晴らしい表情をしています。こんな表情を見たら、「よし、次は自分の番だ」と奮い立つはずです。笑われるかもしれませんが、私も現役選手の時代には、自分が表彰台に立って皆さんに感謝の言葉を述べているシーンを想像しながら練習していました。ときには、そんな想像の中の自分の姿に感激して、走りながら泣いてしまったこともあるほどです。ですから、私みたいに「泣いてほしい」とまでは思いませんが、選手たちには、そういったイメージトレーニングを積んでもらいたいと思ったのです。それに加えて、表彰式に参加し続けたもう一つの理由は、他国のチームに対して「私たちは本気だ」というところを見せるためでした。日本のチームは本気でパラリンピックに取り組んでいるということを高らかに宣言するためにも、表彰式に行く必要があったのです。

数字との闘い――日本独自の訓練システム構築へ

日立ソリューションズで実業団チームを創部した時、スキー部の顧問に就任した渡部勤さんから、「従来のようなただ努力させるだけのトレーニングから、自分がいま世界のどのポジションにいるのか、あるいは、どこをめざして頑張っているのかを明確にしたトレーニングにしなければならない。それは当社の大きな方針だから、スキー部も事業として取り組む以上、そういう心構えで頑張ってほしい」と言われました。それを受けて私は、世界各国の選手の状況や強化策について書いた、長い報告書を提出しました。しかし渡部さんからは、「文章で書くのではなく、数字で示してほしい。いくら素晴らしい文章でレポートを書いても、それでは誰も読みませんよ」と一蹴されたのです。「数字にしなくてはいけないのだ」と強く思うようになったのは、この時からです。

　そもそもクロスカントリースキーの競技というのは、当日の気象条件やコースレイアウトなどがまちまちで、たとえば一〇キロのレースなら何分何秒で走れば世界新記録という基準や目標となるタイムがありません。とにかく当日のレースで他の選手より一秒でも速ければ順位が上に行くという、その時々での

	10km比較（換算値）							
	上り		下り		平地		合計	
	3.3km	差	3.3km	差	3.3km	差	10km	差
	① 14.33	—	② 4.40	—	② 11.14	—	① 30.27	—
	② 16.13	1.80	⑤ 5.03	0.63	① 10.53	-0.61	② 32.09	1.82
	③ 17.31	2.98	④ 5.00	0.60	③ 11.16	0.02	③ 33.47	3.20
	④ 17.35	3.02	③ 4.50	0.10	④ 11.41	0.27	④ 34.05	3.78
	⑤ 21.09	6.76	⑥ 6.37	1.97	⑤ 12.32	1.18	⑤ 40.18	9.91
	⑥ 27.26	12.93	① 4.06	-0.34	⑥ 12.34	1.20	⑥ 44.06	13.79

調査資料：2005年12月WCイタリア大会 クロスカントリースキー地形別走力比較

相手との勝負みたいなところがあるわけです。こういった競技の特性はあるにせよ、「タイムで競っているのに、どうしてタイムが重要ではないのか？」という問いかけがあるのは当然のことです。一キロを何分何秒で走っているのかをはじめ、レースは時間で争っているのだから、トレーニングのときからすべて内容を数値化して示すように言われました。そうしないと、会社のなかでスキー部の実態が見えてこないから駄目だ、自分たちのやった事業や活動の量と成果をきちんと数値化しなさい、と。

　そこで私は、クロスカントリースキーやバイアスロンの練習のなかに、「数字」として示すことのできるものがどれくらいあるのかを調べてみました。すると、意外にたくさんあることが分かりました。トレーニングに費やした時間はどれくらいか、何キロをどれくらいの時間で走ったか、心拍数はいくつか、バイアスロンなら何発撃って何発当たり、それを何秒で撃って合計何秒だったかなど、いろいろなことが数値化できることに気

●種目別データ／男子座位

R	選手名	国名	障害クラス	%	実測値（秒）			
					上り	下り	平地	合計
					100m	150m	300m	550m
1	タレス	RUS	LW11.5	98	26.5	12.7	61.3	100.5
2	セルゲイ	RUS	LW10	86	29.5	13.8	59.3	102.6
3	ユーリ	UKR	LW10.5	91	31.9	13.7	61.4	107.0
4	オリバー	AUT	LW11	94	32.0	13.2	63.7	108.9
5	ミカエル	RUS	LW10	86	38.4	18.1	68.4	124.9
6	長田	JPN	LW10	86	49.9	11.2	68.5	129.6

付きました。そして、こうした数値を体系化し、世界のトップ選手たちの数値と比較してみると、選手一人ひとりの強みや弱みが分かってきたのです。

たとえば走力を見た場合、一五キロのコースの中には平地、上り坂、下り坂などがあり、ほぼ三分の一ずつになるようにコースレイアウトされています。選手たちは、こうしたコース環境の違いにどのように対応できているのでしょうか。早速、日本チームの選手全員の数値を取ってみました。すると、平地、上り坂、下り坂で、得意・不得意のあることが分かりました。長田弘幸君は下り坂に強くて上り坂と平地は弱い、新田佳浩君は上り坂に強くて下り坂や平地が弱い、といったことが見えてきました。こうした情報を集計し、それを克服するための目標設定を数値化することで、それぞれの選手に合った強化トレーニングを構築することができるようになったのです。

選手一人ひとりの身体も目標の数字に向かって鍛えていきます。「これまで腹筋運動は六〇秒で五三回だったのを、シーズンが始まるまでに六〇回に増やそう」というように目標が具体化されて、より強い目的意識が生まれるようになりました。新田君も自己分析や目標を数値化する力を付け、トレーニングに取り組みました。そのことが、二〇一〇年のバンクーバー大会で二個の金メダルを獲得することにつながったのだと思います。また、こうした取り組みを会社が評価の対象にしてくれたのも、選手の成長の糧になりました。賞与についても、数値目標の達成度合いで本人の努力を査定するシステムになりました。その結果、選手たちはよく頑張り、大きな成果を出すことができたのです。これは本当に画期的な取り組みだったと思います。

海外では、いまだにこのような数値や統計を基にした指導は行われていないと思います。前にも書いたように、クロスカントリースキーは気象条件や自然環境によって数字がいろいろと変わるからです。たとえば一〇キロレースのコースを実際に計測すると数百メートルの誤差がある場合もあります。あるいはクラシカルのように、グリップワックス（キックするためのワックス）を塗る競技もあれば、フリー種目のスケーティングのように、グライダーワックス（滑走性を高めるワックス）を使う競技もあり、それによってもスピードやタイムは大きく異なり

選手たちのために早朝から作業に取り組むワックスチーム。

ます。したがって諸外国では、タイムの統計を取って数値を基に強化するというよりは、走るフォームを重要視したテクニック的な技術指導が中心になっています。もちろん、テクニックを磨くトレーニングを行うことは極めて重要ですが、それと並行してテクニックを数値化して、より現実的な目標を設定したうえでのトレーニングも行わないと、日本が国際的な舞台で試合に勝つことは難しいと言えるでしょう。

センターポール作戦の立ち上げと貴重な助言

スポーツの〝数値化〟、データの〝可視化〟ということも含めて、渡部勤さんからはこれまでに非常に多くのことを学びました。渡部さんは中央大学のスキー部出身で、卒業後は日立製作所に入社、システムエンジニアとして大いに手腕を発揮された方でした。

前にも書いたように、私が渡部さんにパラリンピックのことを話したのがきっかけで、日本で初めてのパラリンピックをめざす実業団チームが創部されたのでした。渡部さんは、創部の時は日立システムアンドサービス監査役を退任されていましたが、スキー部の立ち上げから関わり、現在に至るまでチームを温かく、厳しく見守ってくださっています。企業同様、スキー部の活動も組織化と機能（仕掛け）をどのように生かせるかによって成否が決まるという考えのもと、チームの基本体制を作ってくださった方でもあります。

チームが発足すると渡部さんはスキー部顧問に就任し、幅広い人脈を通して、チームの技術指導に横山久雄さん、日立情報システムズ（現・日立システムズ）射撃部の指導者でもあった香西俊輔さんをバイアスロンコーチとして招きました。そういったパラリンピックスキーチームへの手厚い支援体制は、それまでの日本企業には見られなかったものです。

スポーツの〝数値化〟に関しても、国際大会でのライバル選手の走力調査、射撃力調査など、データ収集・分析・評価の仕方について細部にわたってアドバイスしてくださり、私も多くのことを学びました。渡部さんはその後もスキー部のチーム力を強化するため、大学やメーカーなどの協力を得ての高速性能シットスキーの開発、定期的な身体能力

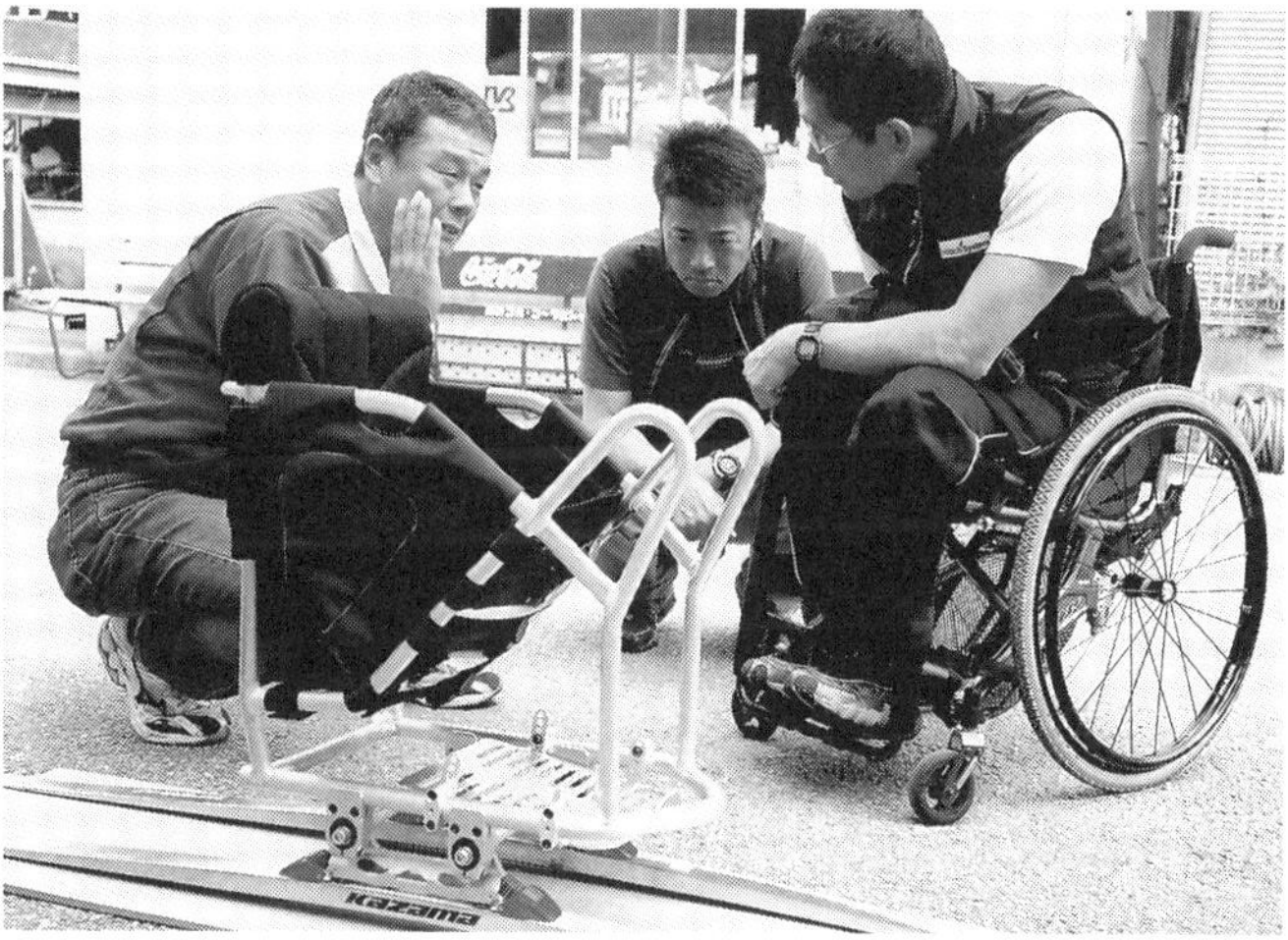

チーム力強化のためにシットスキー開発にも着手。（株）オーエックスエンジニアリングの飯星龍一氏（左）と。

検査（肺活量、腹筋、背筋、脚筋ほか）の実施など、いろいろな方策を打ち出して、金メダルをめざす「センターポール作戦」プロジェクトを立ち上げてくれました。科学的根拠に基づいたトレーニング、スキー用具の改良、栄養学の導入などに関しても、さまざまな助言やサポートを受けました。クロスカントリースキー競技をよくご存じのうえ、障がい者スポーツ全般に深い愛情を寄せる渡部さんからは、広く社会を見渡しながらの貴重な助言をいまも折に触れていただいています。私自身にとっても、またスタッフ・選手たちにとっても、本当に心強いアドバイザーと言える存在です。

そしてもう一人、スキー部を大きく育ててくれた方がいます。創部翌年の七月にスキー部長となった新美雅文さん（当時、執行役 人事総務本部長）です。初めてお会いしたときに「来年はパラリンピックで、周りはメダル、メダルと言っているけど、選手たちにちゃんとメンタルトレーニングをして、重圧につぶされないように指導を頼みますよ」と言われました。思いがけない言葉に、スキートレーニングに重点を置いていた私は、最も大切なことを忘れていたと気付かされました。

新美さんからは、「強いスキー部」づくりと同時に、どうしたら社員全体から愛され、広く応援を得られるかについてもアドバイスをいただきました。それは、チームづくりの進め方などを考えるうえでの大きな柱の一つになりました。

スタッフとともに勝つ

クロスカントリースキーはワックスの選定、塗り方が勝敗を大きく左右するスポーツです。優れたワックスコーチをチームスタッフに迎えたり、選手たちに高度なワックス技術を教えることも、勝利への大きな要因になります。パラリンピックの世界でもワックスコーチとして海外のスペシャリストを招聘しているチームもあります。日本チームではソチ以降、ヘッドコーチの長濱一年さんと世界に誇れるワックスマン佐藤勇治さん（陸上自衛隊所属・ソチ五輪ノルディックコンバインドテクニカルコーチ）が活躍しています。

スキーの滑走面にはストラクチャーという目の細かい溝を入れます。ストラクチャーを入れることによって、丸い結晶の湿った雪や、とがった結晶の乾燥した雪、あるいは人工雪など、さまざまな雪がスキーに張り付いて滑らなくなってしまうのを防止し、スムーズに滑走できるようにします。とくに水分の多い湿った雪は張り付きやすく、ストラクチャーを入れないとスキー板に吸い付いてしまい全然滑りません。ちょうど、湿った窓ガラスに下敷きをくっつけたようなものです。

このストラクチャーにもいろいろなパターンがあります。たとえばストレート（真っすぐの型）で入れたり、クロス（斜めの型）で入れたり、ツリー（逆Vの型）で入れたり、いろいろ組み合わせたりで、何十種類ものパターンがあります。レースの環境に応じてストラクチャーを変えるのですが、その入れ方によってもタイムは大きく変わってくるのです。

ですから、同じ選手が走ったとしても、ワックスが成功しているかどうか、ストラクチャーが成功しているかどうかで、非常に大きなタイム差が生まれてきます。実際の競技をするのは一人ひとりの選手ですが、私たちは個人競技だとは考えていません。あくまでもチームスポーツだと思っています。チーム一丸となって選手が力を発揮できる仕組みをつくり上げないと、勝つことはできない競技なのです。監督としては、コーチやスタッフが働きやすく、個々の役割に十分な時間や力を投入することができる良い環境をつくることも、大事な仕事です。

勝つために――モチベーションをどう保つか

パラリンピックの選手の多くは、オリンピックの選手と違って小さいころから大会などで競い合ってきた経験が少ないので、スポーツ選手としてあまり精神的に鍛えられていません。スキー競技にかぎらず、国際大会で負けてしまうとすぐに競技人生をあきらめてしまいがちです。競技人口が少ないため、ややもすれば、少し頑張るだけで代表選手に選ばれてしまうこともマイナスに作用しているのかもしれません。選手が、もっと速く走りたい、もっと遠くまで跳びたいと、高いモチベーションを保ちながら練習することはとても大変なことです。

バンクーバー大会で二個の金メダルを取った新田佳浩君には、障がいとなったけがをしたときに一緒にいた祖父に、金メダルを掛けてあげたいという強い気持ちがありました。バンクーバー大会で二九歳だった彼は、それを見事に実現しました。そして次の二〇一四年ソチ大会を最後に彼は引退するつもりでいました。ところがそのソチ大会の結果は四位。二〇一二年一一月に祖父が亡くなり、自分の目標をどこに置いてよいのか分からず、本当の意味で戦うことができなかったのでしょう。彼は非常に悔しがりました。「あきらめきれません、もう一回表彰台に上がりたいです」と言ったのです。私は現役を続行するという彼の決意を聞いて、とてもうれしくなりました。

前にも述べたように、新田君が高校生くらいの時、本人は入賞もしていないのに国際大会で表彰式を一緒に見に行き、喜ぶ選手の顔を見たり、一緒に写真を撮ったりしていました。それ

新田選手の金メダルを喜んでくれたおじいさん。

から二〇年ほどたちますが、脳裏に焼き付けられたそのイメージは、彼にとって大きなモチベーションの一つになっているように思います。そして、そういった新田君の姿に、後に続くジュニアの選手たちも非常に大きな刺激を受けているのです。

何のために勝つのか

パラリンピックをエリート化するのか、生涯スポーツとしてとらえるのか、現在さまざまな議論があり、それについては次の章でも述べますが、やはり私は、パラリンピックの世界でも勝利は大切だと思っています。勝つためには選手本人とコーチやスタッフたちが目標を一つに定めて、一丸となって訓練することが何より重要です。しかし一方で、何のために勝たなければいけないのかをよく考えることも大切です。

車いすテニスの国枝慎吾選手は、国際的にも注目されてきた選手です。国際大会で何度も優勝しているからです。クロスカントリースキーやバイアスロンも同じように世界と戦い、勝って、多くの人に知ってもらい、応援してもらえるものにしていかなければならないと思います。「勝つ」というのは、大きなキーワードだと言えます。

それでは、ただ勝てばいいのかというと、それも違います。勝つために努力をして、結果的に金メダルは取れなかったとしても、そのために自分は何をどれだけやったのか、というのが非常に重要です。「クロスカントリースキーの練習はうそをつかない」、つまり、練習の成果がそのままレース結果につながるといわれますが、まさに私も同じ気持ちです。厳しいトレーニングの維持とモチベーションを切らさないこと、これがとても大事です。「もう自分は続けていけない」と、目標を達成しないままでやめてしまった選手も何人かいます。そういう選手が出てきてもおかしくないほどトレーニングは過酷なものですが、それでも継続していかなければならないのです。

二〇一二年のフィンランドでのワールドカップで金メダルを取った出来島桃子さんは、新潟県の新発田市役所でフルタイムで働いているので、トレーニングする時間がほとんどありませんでした。その代わり土曜・日曜の休みには、妙高高原の横山久雄さんが経営する池涵家旅館へ出向き、休憩時間も惜しんでトレーニングに励んでいます。

出来島さんは世界のなかでもベテラン組ですが、クロスカントリースキーを始めたのは二四歳の時です。九八年の長野大会の翌年に、「私にもできますか」と日本障害者クロスカントリースキー協会の事務局に電話がかかってきました。私はすぐに電話をかけて「やりましょう」と答えました。彼女は新潟大学一年生の時に神経のがんに侵され、命は取り留めたのですが、右腕が動かなくなり片腕になりました。大学の剣道部で片腕だけで二年間頑張り、三段にまでなったように、とても努力家です。クロスカントリースキーのトレーニングも、地道に黙々と続けてきました。その結果、ロシアやウクライナ勢などの強豪がいるなかで金メダルを取ったのです。私は心から感動しました。「クロスカントリースキーは、練習がそのまま結果につながる」と、あらためて確信しました。トレーニングで一番大切なことは、必ず結果が出ることを信じて取り組むこと、これを若い選手たちにも伝えていきたいと思います。

障がい者スポーツの将来的ビジョン——エリート化か、生涯スポーツか

障がい者スポーツの位置づけ

日本の障がい者スポーツは、福祉としてだけではなくスポーツとしての振興も推進していくという目的で、二〇一四年に管轄省庁が厚生労働省から文部科学省に替わりました。独立行政法人日本スポーツ振興センター（JSC）のもとで、障がい者スポーツ政策がより強化されてきています。それにともなってパラリンピックにおいても、給料制でコーチを選任できる制度ができました。これまでパラリンピックは、日本オリンピック委員会（JOC）における専任コーチのような仕組みがなく、監督やコーチはすべてボランティアでしたが、選手にもコーチにも給料が支払われる制度が整備されたのです。まだ始まったばかりですが、この制度の下で、

今後は障がい者スポーツのあり方も変わっていくだろうと思います。

たとえばパラリンピックには、社会人になってから受傷して車いすの生活になったり、病気で視力を失ったりして、そこから初めてスポーツに触れ、国内そして世界へと伸びていく人がいます。とくに夏の競技でいえば、陸上や水泳競技などでは、リハビリを終えてから取り組み始めて、世界的に有名になった人もたくさんいます。ただ、現状ではジュニアから発掘して育てていくというのが主流になってきています。新田佳浩君も、金メダルを取るまでおよそ一〇年かかっています。一〇年後に世界でどう戦うかという長期計画に基づいて、中学生や高校生から育て上げるということが大事です。その意味ではパラリンピックは、これからどんどんエリートスポーツ化していくでしょう。

厳しい現実

ただ、パラリンピックをエリートスポーツ化する、つまり勝つためのチームづくりをしていくには、オリンピックをめざす取り組みと同様のコーチングシステムを構築する必要があります。オリンピックの競技団体の場合は、監督やコーチを生業にして、そこを退いたとしても教育現場や競技団体役員など次のステップがあり、いわゆるセカンドキャリアの道もあります。一方、パラリンピックのチームに、コーチだけを生業としている人は多くありません。公務員や教師のように本業を別にもっている人が圧倒的に多いのが現状です。今後そういう人たちが、たとえ給料をもらえるにせよ、本業を辞めてパラリンピックのコーチになるかといえば、それもなかなか難しいでしょう。セカンドキャリアをサポートする体制がまだまだ整備されていないからです。

また、パラリンピックの水泳や陸上競技には「標準記録」があり、国際パラリンピック委員会（IPC）公認の大会で記録を出せば、そこで世界ランキングが出ます。しかしクロスカントリースキーやバイアスロンには同様の公認の標準記録がありませんので、数多くのワールドカップを転戦し、記録を出していかなくてはならないのです。世界ランクの上位者しか本戦に出られないという仕組みはオリンピックと同じですので、そういった大会に出場しないという選択肢はありません。ただし、これには大変な費用がかかります。用具にかかる費用もそうですが、ワックス担当の人、用具を運ぶ人、自分ではできないことをサポートしてくれる人、そういった人たちの遠征費や滞在費などの費用も必要です。これを捻出するのが大変です。こういった費用を支援してくれるような個人なり団体・企業なりが見つかればよいのですが、なかなか簡単にはいきません。「勝ちたい」と思う一方には、このように厳しい現実が立ちはだかります。こうした問題をどのように解決していけばよいのでしょうか。

社会に根付く障がい者スポーツをめざして

身体障がい者のクロスカントリースキーの競技人口は、実は世界的に見てもそれほど多くありません。身体障がいで日本では二〇人前後、国内大会を開催している他の国でも出場者は多くありません。

日本では長野パラリンピックを契機に特定非営利活動法人日本障害者クロスカントリースキー協会が設立され、全日本障害者クロスカントリースキー大会が始まりました。二〇一八年には第二〇回を迎える歴史のある全国大会に成長しました。また併せて、障がい者クロスカントリーフェスタも開催され、交流や普及に役立っています。このような国内大会を開催しているのはロシア、ウクライナ、ドイツ、フランス、アメリカ、カナダなどですが、国際的にもさらに競技人口を増やしていって、障がい者クロスカントリースキーの普及が十分ではない国に援助することが国際競技団体パラワールドノルディックスキーコミュニティ（旧ＩＰＣノルディック委員会）に求められています。

そのようななかで、興味深い大会を紹介します。ノルウェーのリレハンメルの西にバイトストーレンというところがあるのですが、ここでは毎年、リデレントという障がい者の国際クロスカントリースキー大会が開催されます。私も小林深雪さん、長田弘幸君、新田佳浩君たちと参加したことがあります。この大会には世界各国から四〇〇人ほどが集まり、そのおよそ半数が地元ノルウェーの人たちです。参加者のなかには、身体をすっぽり囲む円形の歩行器がないと移動できなかったりするような、重度の障がいのある人たちもたくさんいます。どうやってクロスカントリースキーをするかというと、たとえば円形の歩行器の脚の部分のキャスターの代わりにスキー板が付いていて、体重を前にかけると進むことができるようになっているのです。リデレントは身体がどのような状態であっても、誰でもクロスカントリースキーを楽しむ権利をもっていることを示すような大会で、世界中から大勢の人が集まってきます。

さらに、この大会で注目されるのは、開催期間中に地元ノルウェーの体育学校の学生たちが、選手一人ひとりの生活や移動などをサポートする支援体制が整っていることです。大会は一週間続きますが、選手たちはバイトストーレンのホテルに泊まり、昼間はクロスカントリースキーの競技、夜は歌のショーやダンスパーティー、マジックショーなど、いろいろなプログラムを楽しみます。この間、選手一人に学生一人が必ず付き添い、一緒に食事をし、イベントに参加するのですが、大げさな介助ではなく、実に自然な感じでサポートしていて好感がもてました。介助が必要な障がいのある人でも一人でここに参加できるのは、こういったサポート体制があるからなのです。サポートする学生たちは学校で支援の仕方を学び、実際にボランティア参加することで履修科目としての単位を与えられるのです。単位も取れるし、各国の人たち

毎年行われる障がい者の国際クロスカントリースキー大会「リデレント」。

とも交流できるので、みな積極的に参加しているようです。リデレント開催中は、選手もサポートの学生たちも本当に和気あいあいと、楽しい日々を過ごしていました。

日本では障がい者のウインタースポーツはまだまだこれからです。ノルウェーはクロスカントリースキーが国技なので、障がいの有無や年齢にかかわりなく、国全体で広く受け入れられている環境があります。社会に根付き、すそ野が広いと、強い選手も出てきますし、費用の面も含めて、そのような選手を育てるシステムも構築されるでしょう。ぜひ日本も同じような環境になればと願っています。その意味では、二〇二〇年の東京オリンピック・パラリンピックは、日本で障がい者スポーツへの理解を深める絶好のチャンスです。見る人もそうですが、障がいのある人たちにもスポーツをする楽しさを知ってもらううえでは、とてもよい機会だと思います。

私は、やはりクロスカントリースキーの盛んな、雪の降る北海道、東北、上信越を中心に国内の選手が練習に集中しやすい環境を整える必要があると思っています。最近、北海道は韓国や中国と飛行機での行き来がしやすくなっています。これから韓国の平昌（二〇一八年）や中国の北京（二〇二二年）で冬季オリンピック・パラリンピックが行われますが、韓国も中国も国内に練習のできるクロスカントリースキーコースが少なく、大会開催前に気軽に北海道に来て練習ができるような環境にしたいと思います。

障がいを知ることの大切さ

選手とのコミュニケーション

さて、選手を強化するときには、選手自身の身体状態をよく知ることが非常に重要です。たとえば脊髄損傷の障がいは、見た目と違うところがあります。私は、まず最初に感覚はどこまであるのか、必ず聞くようにしています。そして筋力の使えるところと使えないところはどこかを調べます。たとえば、腹筋は強いか弱いか、腹斜筋などの側筋はどうなのか、背筋は強いか弱いかなど、身体の状態が一人ひとり違うので、調べてデータ化することが必要です。

視覚障がいの選手の場合も、私が正面に立ったほうが見やすいのか、左側がいいのか、右側がいいのか、必ず聞きます。また、どちらかの目にしか光を感じないという人や、げんこつを前に突き付けられたときに中心は見えずに周りしか見えない人、周りは見えずに真ん中だけ見える人などもいます。そういった身体の状態を聞いて、資料を見せるときなどに選手が少しでも見やすく理解できるような工夫をします。なかには、雪が降るとその雪に反射して、見えていたものが見えなくなってしまう選手もいます。コースのトラック（シットスキーやクラシカル走法で使用するレーン）が見えない人もいるので、そういったことも聞いて対処します。

さらに、受傷して切断した人、手の先が欠損している人、まひしている人がいますが、その傷口がどうなっているのか、了解を得て見せてもらうようにしています。傷口を触って痛いのか痛くないのか、骨はどのような状態で付いているのかを聞きながら、骨の太さや筋肉の付き具合も見ます。それによってトレーニングの仕方も変わってくるからです。上腕しか使えない長田弘幸君の場合は、上腕をしっかり鍛えました。最初に会ったときに、選手一人ひとりの身体の状態を確認することは、選手を理解し、選手から信頼を得るうえでもとても重要です。

選手の体を守る

一九九五年にパラリンピックのヘッドコーチを依頼されたとき、初めての合宿で国立函館視力障害センターの熊谷日出夫さんに「荒井さん、彼らと一緒にお風呂に入るといろいろ分かりますよ」と大浴場に誘われました。なるほど裸の付き合いなので、普段は分からない多くの発見がありました。全盲の選手が湯船の前でピタッと止まるので、「なぜ分かるのですか」と聞くと、「湯気で感じるから」「湯の音や周りの音で、そこに湯船があるのを感じるから」と教えてくれました。また車いすの選手は入浴するとき、小さなバスマットを自分で切って二枚ほど持ってきて、それをタイル張りの床面に敷いて「よいしょ」と片方ずつお尻を置いて座ります。大浴場は床面に凹凸がある場合があり、それでお尻を傷つけてしまうと、そこが褥瘡（床ずれのような症状）になって治りにくくなってしまうからです。一度擦りむいてしまうと、感覚がないのでますます傷つけてしまうため、擦り傷を付けないように自身で工夫しているのです。

脊髄損傷のある人は座りっぱなしなので、いすや床面に仙骨が当たって褥瘡などになって、何回か手術を繰り返すこともあるそうです。私たちは長く座っていると痛みを感じて自分で腰を動かしますが、彼らにはそういう感覚がないため、当たっているところが傷になって出血しても気が付かずにいつまでも座っていられるので、とても危険なのです。シットスキー選手の中にはお尻に褥瘡の跡がある選手もいました。ほかの個所もそうならないために、自分で意識して腰を動かして血流を良くしています。飛行機で海外に行くときも、腰を動かしやすいようにシットスキー選手には極力、隣の席を空けてあげるようにしていました。

寒さについても、私たちは足がジーンとしびれてきたなどの感覚がありますが、彼らは雪に一番近いところにいながら、足が凍傷のようになっても感覚がないので分かりません。また、寒さとは反対に、熱いものに対する用心もしなければなりません。シットスキーの久保恒造君（現在は車いすマラソンで活躍）は、フィンランドのサウナでやけどをしてしまいました。一緒に入っていたのですが、私は久保君がやけどをしていたことに気が付きませんでしたし、彼自身も気が付かなかったのです。後から考えると、サウナのどこか金属の部分にお尻の皮膚が触れてしまっていたのだと思います。その晩、久保君は高熱を出しました。原因が分からず、あれこれ調べていたら、お尻にやけどをしていて皮膚が赤くなっていました。急いで病院に連れていったところ、やけど部分をすぐに取り除く手術をすると言われ、私はこれには本当に驚きました。ドクターが手術に立ち会えと言うので、初めて手術室に入ったのですが、久保君のお尻のやけどの部分をいきなりメスで取り除いたのです。久保君は感覚がないので気付きません。私は危うく気絶しそうになって、不覚にもしゃがみ込んでしまいました。そんな私を見たフィンランド人のドクターは、久保君にではなく私に「大丈夫か」と声を掛けてくれました。

選手各人の身体の状態をよく知っておくことが、まず一つ大切だと思います。そして、そういったきめ細かいサポートの方法を、私たちだけでなく、初めてパラリンピックのコーチの仕事に携わる人たちにもしっかり伝えていかなくてはならないと思っています。

5
未来のパラリンピックに向けて

さまざまな課題をどう乗り越えるか

コーチやスタッフをどう確保するか

私はパラリンピックに一九九六年から関わっていますが、二〇年以上を経た現在でもいろいろな課題が残されています。その一つに、コーチやガイド、そして選手の休暇をどう確保するかという問題があります。フルタイムで働いている人がほとんどなので、海外の大会に出場するための休暇を取るのが大変です。とくに、コーチやガイドのスタッフには教員の方が多く、数週間の休暇となると、学校としてもなかなか対応が難しいということになります。私は学校に出向き、「パラリンピックチームに先生を派遣していただきたい」「冬の期間で、スキー授業や卒業シーズンですが、特段のご配慮を」とお願いしてきました。もちろん学校側も、教員数に余裕がなかったり、年々増える業務があり、本当にやりくりが大変なことは分かっていました。しかしワックスコーチなどスタッフを確保しなければワールドカップ等の大会には出場できないので、無理を承知でお願いして回ったのです。先生のコーチ派遣について応援してくださった校長先生をはじめ同僚の先生方には、本当に助けられました。

なかでも欠くことができないのは、視覚障がい選手のガイドを担当するスタッフです。いくら世界でトップになる力のある選手でも、ガイドがいなければメダルは取れません。なぜなら、長く一緒に練習してきたことで培われた緻密なコミュニケーションは、ほかの人では代用できないからです。たとえばクロスカントリースキーのコースは真っすぐではないので、選手はコースに応じて左右に曲がらなければなりません。

かなりのスピードが出ているため、ガイドがタイミングよく声を掛けないと、選手は曲がる機会を逃してしまいます。こうした「あうんの呼吸」は、長い練習のなかでつくられていくわけで、すぐに別の人ができるかといえば、それは絶対に無理なことです。タイミングを間違えると、すぐに一秒、二秒の遅れが出てしまいます。そうしたズレがレースの間に積み重なると、最終的には何秒ものタイムロスが出てしまうので、試合には勝てません。ガイドはそうならないために、選手との「あうんの呼吸」を体得するように訓練を積むのですが、それには競技のトレーニングだけでは不十分で、合宿先などでも普段の生活を共にする時間をなるべく多くとることが必要になってくるのです。

ソルトレーク大会前から小林深雪さんのガイドを正式に担当してくださるようになった小林卓司先生は教員だったので、シーズンが始まる前からガイドをお願いすると同時に、学校にも派遣のお願いに行きました。それが、二〇〇〇年に私が日本代表監督に就任して最初の仕事でもありました。

もちろん選手のほうも、休みが取りづらい人もいたので、そうした職場には私が出向いて、上司の方にお願いして回りました。また私自身も、公務員時代にはなかなか休みを認めてもらえずに苦労したものでした。

継続的に活動できる環境をどう整備するか

パラリンピックが文部科学省の管轄になり、画期的な体制整備が進んでいます。パラリンピック専任コーチ制度ができ、コーチの仕事をすることによって給料がもらえるようになりました。また、強化費から人件費をまかなうことも認められるようになったので、以前よりはスタッフの確保ができやすくなりました。しかしそうは言っても、限られた財源を有効に活用するために、やりくりは大変です。また、個々の事情の変化もありますので、一人の人がいつまでもコーチを続けられるとはかぎりません。したがって、引退後の仕事をどう保障していくのかも大きな課題といえます。

コーチをはじめスタッフの確保と同時に、資金の確保というのも大きな課題です。国の助成金だけでは足りないので、私たちはスポンサーを集めるために企業を回ってお願いするという活動をしています。スポンサー料を設定し、広告ということで選手のユニホームに企業のワッペンを付けています。

私は、企業にスポンサーになっていただくにあたってとくに重要なことは、「浅く」、「広く」、そして「長く」というコンセプトだと考えています。「浅く」とは、過度な負担がかからずに継続していただける範囲での金額設定です。いくら二〇二〇年の東京パラリンピックに向けて関心が高まっているからといって、私たちの力量以上の提案をすべきではありません。二〇二〇年以降のことも考えなければいけません。なぜなら一九九八年の長野パラリンピック以降、社会的な関心の低下とともに企業の支援が激減したという状況を経験してきたからです。「広く」とは、応援してくださるスポンサーを増やすことです。そして、企業の社員や家族にも応援の輪を広げる仕組みをつくることです。「長く」とは、単年度ではなく継続して応援をもらえるよう努力することです。私は、活動報告をするための訪問、新シーズンに向けての活動計画紹介、ワールドカップ初戦または最終戦終了後の訪問と、一年に数回は必ずスポンサーを訪問することにしています。また、遠征先からは近況報告として絵はがきで選手の寄せ書きと合わせてお送りしています。このようなことを数社ではなく十数社でできるのであれば、それだけ多くの方たちにパラリンピックのことを知っていただく機会がつくれるからです。

オリンピックと違い、パラリンピックはメディアでの露出が少ない分、私は生の声を伝える取り組みを可能なかぎり展開して、草の根的な応援を広げ、深めていきたいと考えています。そうした本当の意味での応援団が幅広く形成されれば、必ずパラリンピックを推進させる大きな原動力になるはずです。

どうやってメディアに協力してもらうか

私がメディアの重要性を認識するようになったのは、一九九八年の長野パラリンピックの経験が大きく影響しています。長野オリンピックでは、原田雅彦選手や船木和喜選手が出場したスキージャンプの団体戦で金メダルを取ったのをはじめ、いろいろな競技で日本選手が活躍してメディアの注目を集めました。しかしオリンピックの一週間後に開催された長野パラリンピックでは、それまで集まっていたメディアや観客は波が引くようにサーッといなくなってしまいました。それを目の当たりにした私は、「こうした状況をどうにかして変えていかなければならない」と、心に誓いました。そこで私は、記者の人たちに「パラリンピックの取材は楽しい」「パラリンピックの選手は素晴らしい」「もっと記事として取り上げたい」と思ってもらうにはどうしたらよいのかをいろいろ考えました。まずは、とにかく記者の人に「こういう選手がいるので、ぜひメディアで紹介してほしい」ということを、電話やメールなどで伝えるようにしました。

自分でプレスリリースを作る

そうやっても、なかなかメディアは取り上げてくれません。そこで今度は自分でプレスリリースを作り、各メディアに配布しました。たとえば「いよいよワールドカップが始まります」「こんな実績を持つ選手が出場します」といった情報を、大会前に発信するようにしました。発信方法は、それまでに名刺交換をした記者や自治体の広報担当者などのリストを作り、メールで一斉配信するほか、電話もかけました。しかし、そうした取り組みをしても、記事はまだまだ載りません。

次に、大会が開幕してレースが始まると、レース結果をリリースしました。記者の方から「レースが終わって二、三日たってからの情報ではニュース性がないので、すぐに発信してください」とアドバイスを受けたので、レースが終わったらすぐに選手のコメントを聞き、入賞者リストと入賞タイムも加えて一斉配信するようにしました。

そうするうちに、興味をもってくれる記者が何人か現れて、やっと記事になるようになりました。ただ、すべての新聞に一斉に掲載されるわけではなく、「A新聞には載ったけど、B新聞やC新聞には載っていない」というパターンです。こうした経験を積み重ねていくうちに、「大会が行われるヨーロッパと日本の時差の関係で、夜の七時や八時にメールを送っても日本にいる記者の方たちはあまりそれを見ていないようだ」ということが分かってきました。そこで、メールと同時にファクスも送信しました。最初のうちは、東京にいるスタッフに「メールの情報をファクスでも流してほしい」と頼んでいましたが、やがてメールから直接ファクスが送信可能なサービスができたので、それを利用するようになりました。

こうした地道な作業を続けた結果、パラリンピック競技のなかでノルディックスキー関連の競技については、大会成績などが掲載されるようになりました。いまでは各競技で同様の取り組みが定着しましたが、逆に言うと、こちら側からプレスリリースを出さないと、なかなかメディアに取り上げられることはありません。さすがにパラリンピックの本大会には記者の皆さんが直接取材に来てくれますが、それ以外の世界大会やワールドカップでは、ほとんどありません。それだけ、プレスリリースは重要なのです。

さらに私は、こうしてメディアに掲載された記事やプレスリリースをスクラップブックにし、それを今度はスポンサーや応援してくださる方々にお見せして、「昨年はこういう活動をして、こういう大会に出て、このような成績を残しました。何としても世界でトップを取りたいので、ぜひ応援してください」とお願いするときのツールとして活用させてもらっています。

「情熱は磁石だ」が意味するもの

メディア向けの情報発信と並んで、日常的なパラリンピックチームの取り組みを広く社会に知ってもらうことも重要です。私の好きな言葉は「情熱は磁石だ」です。情熱をもって取り組んでいれば、恵まれた環境がなくても、その情熱に磁石のように引き寄せられて、いろいろな人や知恵が集まってくるというふうに信じています。だから私はいつも「情熱だけは失わずに頑張りたい」と思いながらパラリンピックの活動を続けてきました。

そこで、この「情熱は磁石だ」を一つの形にするために、チームやスタッフ、選手の活動、パラリンピックや障がい者スポーツの動向などを私との関わりのなかで伝えたいと思い、「荒井監督の情熱日記」を書くことを決めました。そして「日記」と銘打つのだから毎日書くことに決めました。最初に書いたのは、新田佳浩君、太田渉子さんがメダルを獲得したバンクーバーパラリンピックの事前合宿を行っていたカナダのシルバースターで、二〇一〇年三月三日の日記からでした。

なぜ急に書こうと思い立ったかというと、チームの女子選手が作ったひな人形を見て、亡くなった妹・美智子のことを思い出した

荒井監督の情熱日記

カナダで迎えた「ひな祭り」

2月25日からバンクーバーパラリンピックのための事前合宿でシスバースターにいます。

選手・スタッフ総勢11名、人数の割り振りで3棟借りているコンドミニアムの女子棟に男子が1名入らないと部屋が足りません。おとなしいT君にお願いをしたのですが、珍しく断られ、みんな嫌だって言うので、責任者の僕が入ることになりました。

トホホ・・

本当は、僕も、男子棟かシット棟に入りたかったのですが・・・。

でも、ご心配なく、部屋の中にトイレ、お風呂もあるので快適です。

そして、今日の夜、インターネットしに出かけようとしたらリビングのテーブルの上に、お雛様が飾ってありました。

そっか～、今日は、「ひな祭り」だ。

昔、北海道の僕の実家。

妹の美智子が2歳で亡くなったのですが、ずーっと毎年雛人形を飾っていて、
母が「美智子が生きていたらね～」と言って、節句のお祝いをしていたのを思い出しました。

このかわいいお雛様、女子チームが作ったのでしょう。

なにか、うれしくなりました。


2010年3月3日、第1回の「情熱日記」。

からです。妹は幼少のころに病気で亡くなったのですが、私の母はその後も毎年、おひな様と一緒に亡くなった妹の写真を飾っていました。そんなことを思い出していたら、バンクーバーパラリンピック前の緊張や興奮もあったのかもしれませんが、日記を書いて、私の経験したことや障がい者スポーツ、ノルディックスキーチームのことを伝えなければと思ったのです。

二〇一〇年から一日も休まず毎日続けています。下手な文章ですが書き続けることが大切で、まさに「情熱日記」です。障がい者ノルディックスキー日本チームのサイトと日立ソリューションズ「チームAURORA（アウローラ）」のブログでご覧いただくことができます。

「面白さ」や「楽しさ」が継続性をつくる

皆さんからよく、「障がい者スポーツへの情熱は、どこから来るものですか」と聞かれることがあります。私は一つだけ挙げるとすれば、長野パラリンピック大会の二年前にスウェーデンで開かれたIPC障がい者スキー世界選手権大会を見たとき、日本と世界のレベルの違いに圧倒されながらも、自分の一〇〇パーセントを懸けて選手の育成・強化に取り組もうという「やりがい」を感じ、その「やりがい」を二〇年以上たった現在まで感じ続けている、ということではないかと思います。私は自分の一〇〇パーセントを懸けて取り組んでいる現在の仕事が大好きですし、面白いですし、いまも本当に「やりがい」を感じています。もちろん、その間には仕事が変わったり、家族が病気になったり、選手がけがをしたりと、大変な時期もありました。そのようなときに「大丈夫ですか」と何度となく聞かれましたが、そのように聞かれれば聞かれるほど、障がい者ノルディックスキーチームに一〇〇パーセントを懸けている自分への勲章だと言い聞かせて頑張ってきました。そうでなければ、これまでの一つひとつのことは前に進んでいかなかったと思います。

そういった「やりがい」というか、これまで長い年月にわたってモチベーションを維持できたのは、周囲からは苦労や困難と思われるような状況にあっても、いろいろなことに「面白さ」や「楽しさ」見つけ出す私自身の性格によるものかもしれません。「情熱日記」を書き続けているのも面白いからですし、ソルトレーク大会の前から正式に小林深雪さんのガイドを務めていただくようになったヘッドコーチの小林卓司さんへの派遣依頼のときもそうでした。スタッフの職場にお願いに行くことも楽しかったのです。何が面白くて楽しいのか不思議に思われるでしょうが、小林先生はそのころ北海道の小樽水産高校に勤務されていて、私には「水産高校ってどんなところだろう」という好奇心があったので、学校を訪ねるのがとても楽しみでした。訪ねてみると、缶詰工場などを併設している近代的な学校でした。そういったことを校長先生とお話しするのも本当に楽しく、勉強になりました。変わった性格ですねと言われればそのとおりかもしれませんが、とにかくいろいろなことの中に「面白さ」や「楽しさ」を見つけ出してきたからこそ、私はこの仕事を続けてこられたのだと思います。

また、そういったいろいろある「楽しさ」のなかでもとくに楽しいのは、選手を育てることです。中学生や高校生をスカウトして選手に育てるのですが、彼らの多くは最初はスキーを履いても歩くことすらできません。でも、「うまいぞ、よくできた」と褒めていると、ヨチヨチでも歩けるようになるのです。そうすると選手たちはクロスカントリースキーが好きになります。上りの練習はつらいので、初めのうちは下りの練習を中心に行いますが、とにかく滑ることができるようになると、どんどん楽しくなってくるのです。

初めは何も教えないで滑らせるのですぐに転んでしまいますが、少し経験すれば、簡単に滑れるようになります。「ひざを曲げて、ちょっと低い姿勢で、手も広げてバランスを取りながら」と、少しアドバイスすると、幅が狭くて不安定なクロスカントリースキーの板でも、下り坂を上手に滑ることができるようになります。そうしたら今度は、「こんなにすぐに滑れるようになった人は、いままでに見たことがないよ」と褒めてあげると、みんなやる気を出して、上達も早くなります。褒めて育てることは重要なのです。

メダルを取るまでには五年、一〇年かかるかもしれません。それでも小林深雪さんや新田佳浩君、あるいは太田渉子さんみたいに、表彰台に上がれるようにたくましく変わっていくのです。そう考えると、選手を育てることは本当に面白くて楽しいものといえます。

企業からの支援の輪をどう広げるか

見よう見まねで始めた企業へのアプローチ

私の最初の就職先は東京都江東区役所で、特別にマネジメントなどに関しての仕事や勉強をしたことはありませんでした。ですから企業に支援のお願いをする際にも、何のノウハウもありません。当時は、職場で見つけたサッカーのJリーグチームの広告企画書などを参考にしながら、パラリンピックスキーチームに関する企画書を作り、私たちの活動の説明資料や、どんな支援が欲しいのかという依頼文を添えて企業に送っていました。

当然、先方から返事が来ることはまずありませんので、資料を送って一週間ほどたってから電話をかけて、「できれば直接お訪ねしてご説明したい」とお願いします。けれど大抵は、「そこまでご足労いただかなくてもけっこうです」とか「いまは予算が取れなくて難しいです」という感じで断られました。

しかしなかには、面会してくれる企業もありました。その場合は、その企業を訪問して担当の方と名刺交換をします。私は名刺交換をした方には、海外遠征の際に必ず絵はがきを送るようにしています。絵はがきは、現地の観光名所の写真が使われているような、きれいなものを選びます。その絵はがきの記入欄には、自分で撮影したレースの様子や選手の写真や表彰台の写真をプリントアウトして張り付けて送ります。そうすることで、「何の競技なのか」「どんな選手がいるのか」を一目で分かっていただけます。文面は、「いま僕らはドイツに来ています、小林深雪さんが本日のバイアスロンのレースで優勝しました、応援ありがとうございました」といったような内容で、これに選手の写真やサインなどを添えて送るのです。

こうして年に二、三回は絵はがきをお送りするのですが、このようなこともありました。絵はがきを送っていたその会社を訪問すると、担当の方は「海外からの報告、いつもありがとうございます」とおっしゃり、これまでお送りした絵はがきをファイリングして大切に保存してくださっていました。そして、「上司の係長を呼んできますね」といって係長に紹介してくださり、ここで係長と名刺交換をして、以後は係長にも絵はがきを送ります。そして係長とやりとりしているうちに、今度は課長にご紹介いただけることになり、そうなればその課あてに絵はがきをお送りすることができます。課にあてて絵はがきが送れるようになると、課全体で回覧してもらえます。このようにして、その会社のなかでパラリンピックの認知度も次第に向上し、「金額は少ないのですが、ぜひ協力しましょう」という話につながることもあるのです。

前にも述べましたが、企業から支援をいただいた場合は、あらゆる機会を利用してパラリンピックのお話をさせていただいています。そうやって企業からの応援を増やしていく仕事を、

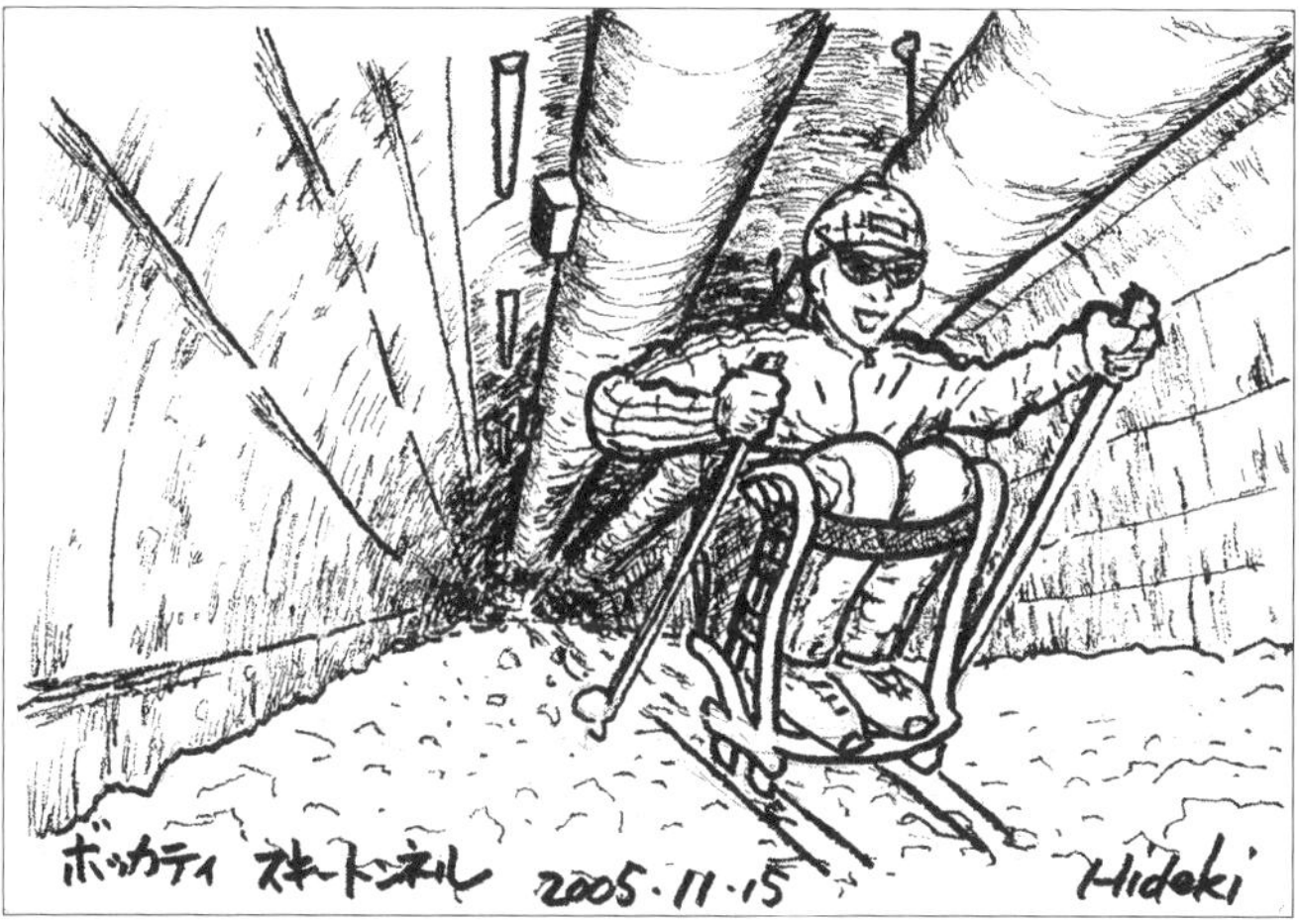

著者自作の版画やイラストを使った絵はがき。

私は継続して行ってきました。海外遠征の際なども、夜の遅い時間に宿舎の部屋で、絵はがきを送る作業や、好きな写真の整理、絵はがきに押すゴム版画作りなどに夢中になったり、「情熱日記」を書いたりして過ごしています。

障がい者クロスカントリースキーの背景にあるもの

私がこれまでにアプローチした企業は、数え切れません。ただ、最初は「あなたのところを応援したいのだけれど、お金を出してしまうと他の競技団体から依頼が来たときに断れなくなる」という理由で支援を断られたケースがけっこうありました。「お金は出しますが、名前は出さないでほしい」という企業もありました。それも同じ理由で、「ほかから依頼されると断れないので……」ということでした。そういうことであれば、「たくさんあるパラリンピックの競技のなかで、なぜクロスカントリースキーを応援していただかなければならないのか」を説明しなければなりません。そこを私が説明できないと共感は得られませんし、企業の支援には結び付かないことが分かったのです。

そこで私は、企業の役員や担当者の方に、「いまの日本では生活習慣病などの健康問題が大きく社会問題化していて、障がいのある人たちも同じ問題を抱えています。一方、日本は国土の半分以上が降雪地帯です。降雪地帯には障がいのある人も大勢住んでいますが、雪が降るとどこにも出歩くことができず、運動不足で不健康な生活を余儀なくされることになります。そういうなかでクロスカントリースキーは健康的なスポーツであることに加え、安全かつ自然を満喫できる素晴らしいスポーツあるいはレクリエーションとして、これら社会問題の解決の糸口にもなると考えられます。御社がなぜ障がい者のクロスカントリースキーを支援するのかと問われた際には、ぜひこのような背景をご説明いただきたいのです」と、応援をお願いして回っています。

また以前には、「障がい者スポーツを広告にすると、障がい者を利用しているように思われてしまう」という企業もありましたが、最近では社会的にも理解が進んできたためか、そのように言われることはほとんどなくなりました。「わずかしか支援できなくて申し訳ないが、永く応援します」と言ってくださる企業との継続性のあるお付き合いを大切にしながら、これからもご支援くださる皆さんの輪を広げていきたいと思っています。

社員一人ひとりとつながることの大切さ

企業の応援は資金提供だけではありません。もっと大切なことは、社員の人たちにパラリンピックを知ってもらい、理解を深め、実際に大会等に足を運んでもらうことです。日立ソリューションズ「チームＡＵＲＯＲＡ」部長の石川浩さん（常務執行役員 人事総務本部長）が常々

社員の大きな拍手につつまれたトリノパラリンピック祝勝会。

語る「ＡＵＲＯＲＡは障がい者スポーツのパイオニア（開拓者）です」という言葉に、私たちのチームの使命も表されているように思います。「開拓者」という言葉に、北海道開拓に汗を流した先祖をもつ私としては、感慨深いものがあります。

前にも書いたように、「チームＡＵＲＯＲＡ」には、月額三〇〇円の会費で、社員が自由に加入できる社員後援会があります。個人個人が自由意思でパラリンピックを応援してくださることは、私たちの大きな励みにもなりますし、社員の人たちのパラリンピック理解にもつながりますので、とてもよい制度だと思っています。現在では、企業に所属するパラリンピック選手が少しずつ増えてきましたが、今後は選手と所属企業との関係、社員との結び付きをどう広げ、深めていくかが一番の課題になってくるのではないかと思います。

企業のサポートのあり方は、日立ソリューションズのように実業団チームをつくって、監督・コーチから選手までを支援し、シーズンオフのときや現役を引退しても社員として雇用してくれるケースもあれば、障がい者雇用の制度を利用して選手を雇用するケース、あるいは企業がスポンサーとして資金的なサポートをするケースなど、さまざまです。いろいろなモデルを考えて、それぞれの会社にふさわしい支援の仕方を見つけていただくのがいいと思いますが、重要なのは、支援を通して社員の人たちにパラリンピックへの理解を深めてもらえるような仕組みをつくっていただきたい、ということです。日立ソリューションズのように社員後援会でもいいでしょうし、ファンクラブでもいいでしょう。そして、私が大切にしていることは、応援してくださる企業の社員の方々へ直接話しかける機会をつくっていただくことです。

社会に支援の輪をどう広げるか

旭川と札幌でのワールドカップを成功させる

二〇一五年に北海道の旭川市で、二〇一七年には札幌市でＩＰＣノルディックスキーワールドカップを開催しました。私は地元の小学生や中学生にパラリンピックのことを知ってもらいたいと思い、開催前年の夏に学校を訪れました。子どもたちには実際に視覚障がい者のバイアスロンで使うビーム銃での射撃などを体験してもらい、競技の面白さを実感してもらいました。「障がいのある人が行う競技」ということを知ってもらうだけでは十分ではありませんので、私はなるべく参加者には体験をしてもらっています。

たとえば視覚障がいの選手がエントリーするバイアスロンの射撃は、ビームライフルを使用して、銃口から出る光線を五つの標的に当てる競技です。では、視覚障がいの選手がどうやって照準を合わせるかというと、銃口の向いている方向を音でフィードバックすることによって標的の位置（一〇メートル離れた直径二・四センチの的）を探り当てるのです。未経験の人にとっては、音を聞くだけで的の真ん中を探り当てるのはとても難しいのですが、音をしっかり聞くと、照準が的に近づくにつれて、音は低音から高音に変わっていきます。そして、的の中心部分をとらえると非常に高い音が出るので、そのタイミングに合わせて落ち着いて撃てば命中します。

これを旭川でも札幌でも体験してもらったのですが、ただ射撃をするのではなく、六年生四名と五年生四名にそれぞれ担任の先生が加わり、五人対五人のチーム対抗戦にしました。標的は、みんなが一緒に見られるように、プロジェクターを利用して大画面に映し出します。みんな大声援を送りますが、なかなか的には当たりません。それでも、照準が表示されますので、「そこ！　そこを狙え！」「もっと右！」など、見学の子どもたちも盛り上がります。両チームの最後の競技者は担任の先生で、責任は重大です。当たれば拍手喝采ですし、的を外せば大ブーイングです。そして勝ったチームには、一人ずつ万歳三唱をしてもらいます。そうした演出も手伝ってか、小学生はみんな「バイアスロンって面白いね」「パラリンピックって盛り上がるね」などと言って、熱狂的に喜んでくれました。そして、「実際のワールドカップを応援に行こう！」「世界のスゴわざを見てみたい！」と、ワールドカップの期間中に大勢で応援に来てくれたのでした。

参加・体験してもらうことが第一歩

旭川でのワールドカップでは、日程の中日に設定されていた休日に、私はフランスチームに無理を言って前述の小学校を訪問してもらいました。通常なら大会期間中で唯一の休日なので、選手たちはトレーニングに充てたり買い物に行ったりするのですが、「ヒデキに言われたらしょうがないな」と、みんな快く来てく

子どもたちとフランスチームの交流。ビーム銃を撃つ。

れました。

小学生は大喜びです。そもそも学校にフランス人が来ることはほとんどありません。初めて会うフランス選手から、通訳を介して、「障がいがあってもあきらめないで頑張っている」「練習はつらいけれど続けることが重要だ」「周囲のみんなに支えられていることに感謝している」など、大切な話を聞きました。また、フランスチームには視覚障がい者のビーム銃の名手がいて、彼に実演もしてもらいました。もちろんトップアスリートなので、早撃ちでも的の中央にガンガン当たります。小学生たちはすでに自分たちも対抗戦で体験しているため、それがどんなにすごいことかが分かります。その後は小学生の有志がチャンピオンに挑戦したのですが、そこでも大いに盛り上がりました。札幌大会の時は少し趣向を変えてカナダチームと新田佳浩君に学校を訪問してもらい、交流会形式で質問タイムも設けました。なかには英語で質問する中学生もいて驚きました。

日本でもフランスやカナダでも、人を育てる教育というのは一緒です。ただ、表面的な話や理解だけでなく、参加して体験してもらうことや、実際に人と会ってコミュニケーションを図ることが重要です。いろいろな体験と関係性が、人としてのベースをつくるのだと思います。

私は、こうした基本的なコンセプトを大切にしていきたいと思っています。

「自分も当事者」ということへの気づき

二〇一五年から早稲田大学で全学部の学生を対象にした「パラリンピック概論」という授業が、担当教員の平田竹男先生、講師として河合純一さん（日本パラリンピアンズ協会会長。視覚障がいの部の水泳競技で金五個をはじめ通算二一個のメダルを獲得）と私の三人で始まりました。日本で初めてパラリンピックを題材にした大学科目で、メディアにも紹介されました。初年度から二〇〇人以上の受講生があり、三カ月で一五回行った講義の最後の日、一人の女子学生から「私はパラリンピックについて何も知りませんでした。授業を受けるようになって、初めていろいろなことを知りました。そして、新聞やテレビでパラリンピックのニュースを見ると、自然と喜んでいる自分がいることに気付きました。こういうふうに自分が変わったのは、この授業を受けたおかげです。先生、講師の皆さんありがとうございました」という発言がありました。私はそれを聞いて、とても感動しました。

彼女の感想は、授業を選択してくれた多くの学生の感想でもあると思います。これまではパラリンピックについてほとんど意識してこなかった人が、「パラリンピックとは、このようなものなのだ」と意識するようになったはずです。この意識の変化は、いろいろなものを見たり、聞いたり、発見したり、考えたりするうえでの大きな変革につながっていくだろうと思います。そしてそれは、社会に出てからも、必ずや一人ひとりの人生の役に立つはずだと確信しています。

二〇一七年からは大日方邦子さん（日本パラリンピアンズ協会副会長。チェアスキーで金二個を含む通算一〇個のメダルを獲得）も講師に迎えています。

また、北海道の札幌大学では私がメーン講師となって二〇一六年から「パラリンピック概論」の授業が始まりました。二〇二〇年東京オリパラの成功を支援する北海道の会／二〇二六年冬季オリ・パラの招致をめざす北海道の会（略称・北海道オリパラの会）の寄付講座として、札幌大学の学生の履修だけではなく、一般市民・道民、企業の人たちにも公開しています。「北海道オリパラの会」の浜名正勝さんや札幌大学客員教授の中田美知子さんなどの大きなサポートもあって、毎回、多くの市民の方も聴講に来られ、札幌でのオリンピック・パラリンピックへの思いが熱いことが伝わってきます。

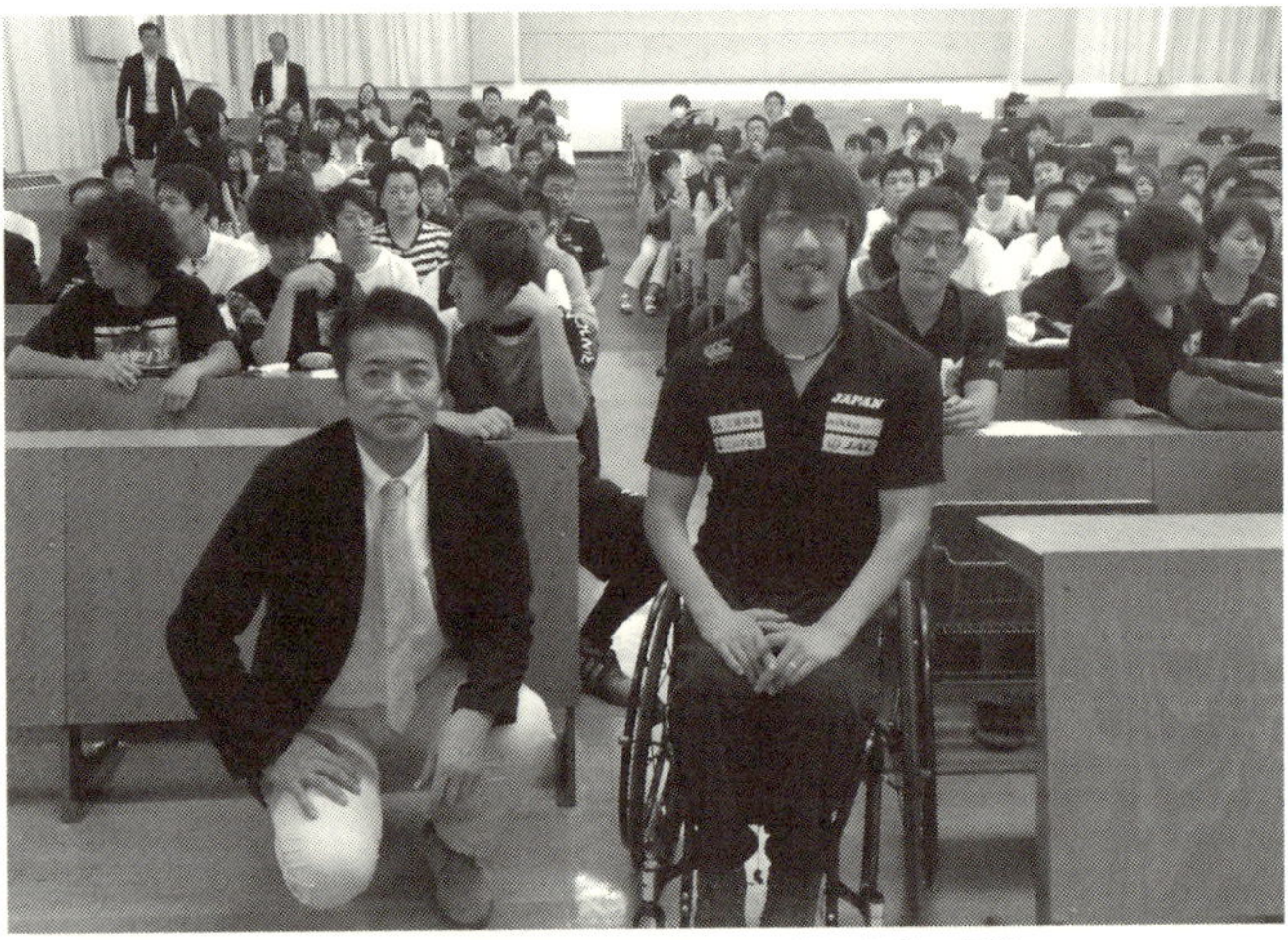

ウィルチェアーラグビーの池崎大輔選手を招いて、札幌大学で授業。

そしてうれしいことに札幌市立大学や星槎道都大学でも授業が始まり、パラリンピック・障がい者スポーツへの理解の広がりを見せています。

私は、今後も全国の多くの大学で、パラリンピックを学ぶことのできる環境が増えることを願っています。それも東京オリンピック・パラリンピックの開かれる二〇二〇年で終わらせるのではなく、「東京オリパラ」を次のステップへの新たなスタートにできればと思っています。

そういった流れのなかで、直接・間接を問わずパラリンピックへの関心や支援の輪が広がり、いろいろな立場でチームに協力してくれる人や、ボランティアとして活動を手伝ってくれる方、あるいは選手としてパラリンピックの舞台で競いたいという人や、パラリンピックチームの監督やコーチ、スタッフとして情熱を持って世界で戦いたいという人が、一人でも多く現れることを私も心待ちにしています。

勝負を競う「競技」としてのパラリンピックへ

誰が一番強いのか？

二〇〇二年のソルトレークパラリンピックまでは、競技としてよりは、むしろ福祉としてパラリンピックがとらえられていたように思います。しかし現在では、まさにオリンピックと同じように「競技」としての取り組みをしないと世界レベルには追い付けません。とくにノルディックスキーの場合は、ワックスやスキー板のストラクチャーなど用具面でも非常に進化してきていますし、同時に選手の体づくりなどについても最高のパフォーマンスができるように、科学的な見地からのトレーニングが求められています。

　また競技自体も、ソルトレークまでのように障がいの程度に合わせて細分化されたものではなく、一つのメダルを競い合い、「世界のトップ」を決めるスポーツに変化してきていることは、これまでに述べてき

世界一をめざす新田佳浩選手（中央）の力走（2016年ワールドカップ・スプリントレース）。

たとおりです。以前は、「〝障がいがあっても〟こんなに速く走ることができる」ということが強調されて表現されていました。しかし現在は〝障がいがあっても〟という前提ではなく〝誰が一番か〟という勝負の部分が非常に重要になってきており、そのために選手や周りのスタッフは何をなすべきかが問われています。つまり、「タイムを一秒でも二秒でも縮めるにはどうしたらいいのか」というところがスタートラインになっているのです。このように以前と比べて意識が大きく変わり、勝負へのこだわりが極めて強くなってきているのが近年のパラリンピックの流れです。

パラリンピックの競技運営をめぐる問題点

ソチパラリンピック冬季大会で、忘れられない「事件」が起こりました。

二〇一四年三月一四日、バイアスロン女子立位一二・五キロレースに日本から出来島桃子さんが出場しました。バイアスロンは、一周二・五キロのコースを五周し、一周ごとに一回五発・計四回（合計二〇発）の射撃を行い、的を一つ外すと一分のペナルティーが走力タイムに加算されるために、クロスカントリースキーの走力だけでなく、同時に射撃の正確さも競うというスリリングなレースです。

出来島さんは、この種目でワールドカップでも優勝をしていて、一番の目標として取り組んできました。レースが開始されてすぐに、一キロ地点にいた小林卓司コーチから無線で「選手たちは女子のコースを行かずに、男子のコースに誘導されている」「コース役員もどちらのコースが正しいのか分からないと言っている」と緊急連絡が入りました。出場した一二名の女子選手のほとんどが、コースの分岐点で間違った場所に設置された誘導コーン（標識）に迷い、一周目だけ一周三キロの男子用コースに進入するという事態が発生して、選手たちがコースを行ったり戻ったりして大パニックになっていたのです。出来島さんは入念にコースを事前確認していたので、女子の正しいコース（二・五キロ）へ進んだのは当然です。慌てた競技役員や技術代表、ジュリーメンバー（審判団）は、直ちに男子コースを閉鎖し、全選手を女子のコースへ修正しました。

しかし、誰が間違ったコースを走ったか分からないままレースはどんどん進んでいきました。出来島さんは、射撃も好調でペナルティーなしで一位を走っていました。慌てたジュリーメンバーたちは「再レースにするか」、「このまま行くか」と、射場付近で協議を始めていました。その結果、一位で走る出来島さんは「一周目は男子コースを走っていない」ということになり、「他の選手と距離を合わせる」ために、彼女が最後の一周になったところで、「女子コースを走らせない」ことにされ、すでに閉鎖している男子三キロのコースに誘導されたのです。出来島さんは走ったことのない男子コースを役員もいない中を一人で走らされ、その結果、首位から一気に順位を下げて七位になってしまいました。このときの審判の突然の誘導自体も納得のいくものではないうえに、疲労の増す最後の一周に長い距離を走らなくてはならなくなった彼女の負担は非常に大きかったと言わざるをえません。ましてや役員たちのミスを選手に負わせることに強い憤りを感じました。

私たち日本チームはレース終了後、即座に「コース誘導のミスであり、何の落ち度もない出来島選手にとって不利益なレース運営になった」として審判に抗議したのですが、「すべての選手が同じ距離を走っている」との理由で却下されました。日本チームとしてはこの時点でなお納得できず、三月一五日にIPC（国際パラリンピック委員会）に上訴しましたが、三月一六日にIPC側から、コース設定ミスについての遺憾の意は表明さ

ソチ大会、射座に入る出来島桃子選手と阿部由香里バイアスロンコーチ。

れたものの、レース結果についての上訴は認められない旨の決定があり、日本チームに伝達されたのでした。

私たちにとっては遺憾の意の表明で済まされる問題ではなく、いまも納得がいきません。このケースは、競技役員が間違った場所に誘導用コーンを設置したこと、それが正しく設定されているかレース前に必ず確認しなければならないルールになっているのに、技術代表やジュリーがその任務を怠ったことから「大事件」につながってしまったものです。その地点に配置されていたコース誘導員も正しいコースを誰も認識しておらず、最初に誤った誘導をしてしまったことで混乱がさらに大きくなったと言えます。

パラリンピックの本大会といえども、運営スタッフや競技の現場に携わる係員のなかにはボランティアの方も多く、パラリンピック競技に初めて従事する人もいます。そのためにパラリンピックの複雑なクラス分けや障がいの程度をパーセントシステムの計算タイムで競うといった特別ルールに慣れていないのが現実です。コースでいえば、オリンピックは男子も女子も同じコースを走りますが、パラリンピックでは同じ種目でもシットスキーの男子一二・五キロ、女子一〇キロ、そして立位・視覚障がい者の男子一五キロ、女子一二・五キロと一日に四つのコースを使用するのです。これに慣れていない地元の競技役員がミスを犯す危険性は十二分にあります。ですから私は、ＩＰＣノルディック委員会メンバーには、競技についての専門的な高い知識とリーダーシップが求められると思うのです。出来島さんは「こんな経験を二度と他の選手には味わわせないでください」と私に言ってきました。この時は深夜まで抗議し続けましたが、くつがえすことはできませんでした。監督として力不足を感じ、出来島さんには申し訳ない気持ちがいっぱいで、最終日は悔し涙の夜でした。

そして、そのソチパラリンピックでは、コース誘導ミスどころか、ロシアの組織ぐるみのドーピングが発覚し、ロシア選手の採取された尿もすり替えられたとの報道があるなど大きな社会問題になっています。パラリンピックがスポーツイベントとして大きくなればなるほど、勝負に不正があったり、障がいのクラスを偽ったりすることは許されません。ルールや競技運営を検討するIPCノルディック委員会（現名称・パラワールドノルディックスキーコミュニティ）にはルール策定ワーキンググループがあり、私もメンバーの一人ですが、いろいろな問題を解決し、これからのパラリンピックノルディックスキーを、エキサイティングでみんなが会場に来たくなる、応援したくなる、魅力あるパラスポーツにする使命があることを痛感しています。

ワールドカップを日本で開催し、世界を変えたい

パラリンピックは四年ごと、世界選手権は二年ごと、そしてワールドカップは各地を転戦するかたちで毎年三、四回開催されています。一つのワールドカップではクロスカントリース

キー競技とバイアスロン競技が行われ、約一週間の日程で六レース前後が行われます。私は、このワールドカップをヨーロッパやカナダ・アメリカだけでなくアジアでも毎年一回は開催したいと考えています。現在のワールドカップは開催国が限られていて、競技を実施するだけで精いっぱいの状況です。観客も少なく、セレモニーもなく、メディアも来ない大会もあります。しかし、参加する各国からは「大会を開催してくれるだけでもありがたい」との意見も多く、各国とも「パラノルディックスキーを本当に普及・発展させていくならばワールドカップのレベルアップが必要だ」と強く主張できないでいます。

私はきちんと組織された大会を日本で開催し、スポンサーや観客も多い大会運営と、しっかりした競技運営を行い、各国の見本となるワールドカップを開催してIPCの競技役員や各国チームの監督・役員にアピールしようと考えました。そうして開催にこぎ着けた二〇一五年の旭川大会、そして二〇一七年の札幌大会ではIPC役員から最高の評価をもらいました。市民の皆さんや競技団体、行政をはじめボランティア関係団体の皆さん、スポンサーや企業の支援のおかげで成功することができたのです。IPC役員たちも、旭川や札幌大会を手本として今後のワールドカップ開催に取り組みたいと語ってくれましたし、ワールドカップがどのように発展していくのか楽しみです。

次世代のジュニア選手たちを「育てる」とは

日本チームのトップランナーとして二〇年間走り続けている新田佳浩君は三七歳になりましたが、二〇一八年の韓国での平昌《ピョンチャン》パラリンピック冬季大会を見据えて、いまなお厳しいトレーニングを重ねています。バンクーバー大会ではおじいさんのために取った金メダルでしたが、ピョンチャンでは「自分自身のために金メダルを取る」と、強い決意を語っています。若い選手たちも新田君を目標に、メダルをめざして懸命にトレーニングに励んでいます。障がい者スポーツの未来を感じさせてくれる若い彼らのなかからも、将来、必ず金メダリストが誕生するでしょう。

次世代のジュニア選手たちにとって大切なことは「才能」だけではありません。「才能」があるのにメダリストになれなかった選手もいます。私は大切なことは努力だと思っています。ソチパラリンピック前のある日、私たちのチームが所属する日立ソリューションズの当時の副社長の諸島伸治さんから選手たちに伝えられた言葉があります。「私たちが感動したのは、あなた方が過去の大会でメダルを取ったからではなくて、あなた方が勝者になるために、どんなにきつい練習にも耐えて努力する、そんな姿に感動や勇気をもらっているんですよ」という言葉です。片腕の選手なら懸垂や腕立て伏せのやり方を工夫して鍛える、努力する心が必要です。

あるとき、新田君の小学校時代のことを、彼のおばあちゃんが語ってくれました。「小学校のころ、チョウチョ結びができないって言うもんで、腰紐を使ってな、大きく振って、こうやってこうやってと教えたら、学校から帰って来て、『おばあちゃんできた、できた』って。麻ひもなんだけど、まだ緩んでいたけど、よくやったって褒めてな。あきらめないで頑張る、そんな子でした」というエピソードでした。私はその話を聞いて「工夫すること」「できたことを褒めて伸ばしてあげること」の大切さをあらためて教わった気がしました。選手を「育てる」ことにも通じるこの話は、いまでも大切にしています。

未来に夢をつなぐジュニア選手たち。

そして新田君を超える若い選手たちが育ち、今度は新田君や出来島さん、太田さんたちが私たちに代わって日本チームを牽引していく時代が来るでしょう。一九九六年のスウェーデンでのIPCスキー世界選手権大会では、長野パラリンピックまであと二年だというのに日本は選手を派遣することができずにいました。そのときのノルウェーの監督は元パラリンピック選手で全盲の方でした。私は日本がとても遅れていることを知り、大きなカルチャーショックを受けたことを忘れられません。それから二〇年後の日本では、二〇二〇年東京オリンピック・パラリンピックの開催が決まり、パラリンピックも社会に大きくアピールする時代を迎えていることは、当時の誰もが想像できなかったのではないでしょうか。障がいのあるジュニア選手たちが明日のパラリンピックを担うために切磋琢磨する姿は、長野パラリンピックに向けて世界と戦う夢を語りながら懸命に頑張っていたあのころを思い出させてくれるのです。

エピローグ――新たな旅立ち

私が監督を務める日立ソリューションズ「チームAURORA」の久保恒造君は、毎年北海道の網走市で合宿を行い、地元の小学生とも交流が続いていました。小学生たちは私たちのチーム全員とも交流があり、二〇一四年のソチパラリンピックを前に、当時六年生のクラス四〇名から代表選手への激励の手紙をもらいました。そのなかから一通の手紙を紹介します。

スキー部の皆さんへ
私が言うのも何ですが、メダルを取れた選手や、取れなかった選手がいると思うんですけど、
それはそれで　よかったと思います。
それも一つのけいけんだと思うからです。
問題は自分が本気で　諦めずに、全力で取り組めたか、
そうでなかったか、だと思います。
メダルを取れても、取れなくても、全力でやった方が、
一〇〇万倍　いいと私は思います。

全力でやって、次に向けて　がんばるのは、
全力でやらないで、後で後悔するより絶対いいんです。
もし、限界フルパワーでやって、
メダルを取れなくて自信をなくす人がいたら、
それは違います！　なぜなら、「限界」は、
その時その時のものであって、「限界」は伸びていくんです！
だから、その時の限界フルパワーでメダルが取れなかったのなら、
もっと「限界」を伸ばして挑めば、
きっとメダルを取ることができるはずです！
なので　諦めずに頑張ってください。　六年　石川　楓（原文のまま）

◆◆◆

心を打たれました。この石川さんの言葉は私たちにもう一度問い掛けをしてくれています。

私たちは最初から「自分の限界」を決めていたのではないかと――。

二〇一八年には韓国の平昌《ピョンチャン》、二〇二二年には中国の北京で冬のパラリンピック大会が開催されます。応援してくださるすべての皆さんの期待に応え、夢や希望、勇気を感じていただける

よう、そして私たち自身が生きる勇気をもち続けられるよう、私たちは挑戦者としての歩みを止めるわけにはいきません。選手一人ひとりが心身ともにこれまで以上にタフな力を付け、技を磨いて〝チームＪＡＰＡＮ〟としての力を世界に示したいと思います。

◆◆◆

私自身についていえば、二〇年近くも国の代表チームの監督を続けることは海外にも例がないようで、国際大会や国際会議に出るたびに、各国の関係者からは驚かれたり、ねぎらわれたりします。そんな私の二〇年には、前例のないところからチームを立ち上げ、スタッフ・関係者の皆さんや選手たちと雪にまみれ、汗にまみれながら〝世界で勝とう！〟という夢を追いかけて、共に泣き、共に笑った一瞬一瞬の思いがぎっしり詰まっています。今回、北海道の大自然に育まれた生い立ちなども含めて、私のこれまでの人生の歩みやパラリンピックスキー競技にかける思いの一端を「情熱は磁石だ」と題して記させていただきましたが、これからもその情熱を絶やすことのない人生でありたいと、心から念じています。と同時に、本書に記した私の経験や思いを通じて、パラリンピックスキー競技、ひいては障がい者スポーツ全般への皆さんの関心・支援の輪がさらに広がることを願っています。

これまでパラリンピック監督、日立ソリューションズスキー部監督としての私を応援してくださったすべての方々、スタッフ・選手の皆さん、そして本書の執筆に当たり、励ましてくださった旬報社社長の木内洋育さんに、あらためて感謝申し上げます。

最後に、私を支えて応援してくれた家族、妻と子どもたちに心から〝ありがとう〟を伝えます。

二〇一七年一二月

荒井秀樹

●著者紹介
荒井秀樹（あらい　ひでき）
特定非営利活動法人日本障害者スキー連盟 平昌パラリンピックノルディックスキー日本代表監督。株式会社日立ソリューションズスキー部監督。
1955年、北海道旭川市生まれ。2008年、早稲田大学大学院スポーツ科学研究科 平田竹男研究室 トップスポーツマネジメント修士課程修了。
1998年長野パラリンピックに際し、代表選手の強化・発掘・育成を始め、長野、ソルトレーク、トリノ、バンクーバー、ソチのパラリンピック5大会連続でメダリストを輩出。障がい者スポーツを社会に根付かせるため、日本で初めて実業団形式によるチームを結成する。現在、国際パラリンピック委員会（IPC）バイアスロンルール策定ワーキングメンバー、国際知的障害者スポーツ連盟（INAS）スポーツディレクター（ノルディックスキー）、アジア知的障害者スポーツ連盟理事も務める。早稲田大学非常勤講師、星槎道都大学特任教授、旭川観光大使。講演などを通して、パラリンピックや障がい者スポーツ全般の普及にも努めている。共著に『パラリンピックを学ぶ』（早稲田大学出版部、2016年）がある。

情熱は磁石だ
――パラリンピックスキー20年の軌跡、そして未来へ

2018年1月5日　初版第1刷発行

著　者　荒井秀樹
装　丁　河田　純・斉藤有紀（株式会社 ネオプラン）
発行者　木内洋育
発行所　株式会社旬報社
〒162-0041 東京都新宿区早稲田鶴巻町544 中川ビル4階
Tel. 03-5579-8973　Fax. 03-5579-8975
ホームページ　http://www.junposha.com/
印刷・製本　中央精版印刷株式会社

 ISBN978-4-8451-1521-1